# 학교상담 사례개념화

방기연

## 학교상담자의 전문성을 위하여

상담자가 전문가가 된다는 것은 사례개념화를 상담 초기에 정확하게 할 수 있다는 것을 뜻한다. 이렇게 중요한 역량임에도 불구하고 상담자로서 교육과 수련을 받는 동안 구체적인 도움을 제공받기 어려운 것이 현실이다. 이에 본 도서를 통해 상담자 스스로 사례개념화 역량을 향상할 수 있도록 돕고자 한다.

전문상담교사는 심리학을 학부에서 공부하고 필기시험을 통해 선발되며, 임용 전에 수련을 받을 기회가 없다. 직업안정성이 보장되어 상담 역량을 갖추려는 개인적인 목표가 없다면, 학교의 행정 및 멘토링 정도의 상담을 제공하고, 일반적인 상담 사례도 외부 전문가에게 의뢰할 수 있다.

그런데 내담자 입장에서는 초등학교 때 Wee 클래스에서 처음 상담을 접하기 때문에, 초등학교에서 근무하는 전문상담교사는 상담에 대한 일반인의 인상을 형성하는 데 가장 많은 영향을 끼친다. 따라서 전문상담교사는 직업안정성에서 더 나아가 상담전문성을 보완하려는 노력을 의도적으로 기울일 필요가 있다.

## 사례개념화와 소진

    사례개념화 역량 향상은 상담자의 소진을 예방한다. 초보상담자는 사회적 대화와 상담적 대화가 다름을 인식한다. 상담적 대화를 진행할 수 있게 된 후에는 내담자를 이해하기 위해 확인해야 하는 정보와 변화를 돕기 위해 확인해야 하는 정보를 수집하는 역량을 갖추어야 한다. 이 시점에는 정서적 지지치료만으로도 호소문제를 해결할 수 있는 내담자에게 효과적인 상담을 제공할 수 있다. 그리고 사례개념화가 잘되지 않는 사례의 경우에는 수퍼비전을 받으면 내담자를 효율적으로 도울 수 있다.

    그런데 전문가 자격증을 획득하고도 사례개념화가 되지 않을 때 상담자는 소진된다. 상담자는 자신이 사례개념화가 되지 않는다고 알아차리지 못할 수도 있다. 상담활동에서 이전처럼 보람을 느끼지 못하고, 유난히 저항하는 내담자가 많다고 느끼거나, 예상치 못하게 내담자가 조기 종결을 알려와서 스스로 무안해지는 경험을 한다. 개인적인 스트레스 때문이 아니라면 사례개념화 역량이 상담자로서 활동한 경력에 비례하는가를 점검할 필요가 있다.

    사례개념화는 구성요소 등만 살펴보면 간단해 보이지만 쉽게 향상시키기 어려운 역량이다. 사례개념화는 인지적 역량이기 때문이며, 많은 정보를 변별하고 이를 다시 통합하는 작업을 요구하기 때문이다. 그리고 무엇보다 사례개념화는 상담자가 내담자 정보와 마주하고 진지하게 생각하는 시간을 요구한다.

그런데 한국의 상담자 교육은 워크샵 혹은 특강 문화라 명명할 수 있을 만큼, 여러 가지 워크샵을 통해 이루어지고 있다. 수퍼비전도 어떻게 보면 짧은 워크샵이라고 할 수 있다. 새로운 내용을 접할 때 워크샵은 도움이 된다. 그러나 워크샵은 진행자가 자신이 도달한 인지적 복합성을 보여주는 자리이지 참가자가 인지적 복합성을 향상시키기 위해 적절한 교육방법은 아니다.

또한, 사례개념화는 글쓰기 작업이다. 내담자의 정보를 마주하고, 초고를 작성하고, 초고가 내담자 정보를 정확히 종합하고 있는지, 이론적 개념으로 작성되어 있는지를 확인하며 교정하여 완성된다. 수퍼비전을 받는다면, 수련생이 작성한 사례개념화에 빨간펜으로 교정한 사례개념화로 피드백을 받는 것이 도움이 된다.

## 상담자의 이론적 배경

사례개념화는 상담자의 철학적 관점과 일관되는 이론적 개념을 중심으로 작성되어야, 전체 사례에 그 이론을 일관적으로 적용할 수 있다. 사례개념화에 이론적 배경을 적용하여야 한다고 하면, 주로 이론의 전략을 적용하는 경우가 많다. 하지만 상담자가 먼저 확인해야 하는 부분은 그 이론의 인간관이 자신의 인간관과 일치하는가이다.

그리고 사례개념화에 이론적 개념을 적용할 때는 이론이 설명하고 있는 심리적 문제의 발달과정의 내용을 활용한다. 예를 들면 인지행동치료는 인지적 결함과 왜곡 그리고 행동 미형성 및 잘못된 행동 조성이 심리적 문제에 기여한다고 설명한다.

각 이론마다 상담자들에게 가장 큰 인상을 주며, 그래서 잘 기억되는 개념들이 있다. 예를 들면, 인간중심상담이론의 진솔성, 무조건적인 긍정적 존중, 공감이라는 상담자의 자세는 사례개념화에 종종 등장하는 개념이다. 그러나, 사례개념화를 위해서는 심리적 문제에 기여하는 이상적 자아와 현실적 자아 간의 불일치와 이로 인해 현재의 경험을 충분히 하지 못하고 있음이 활용될 수 있다. 인간중심상담이론이 강조하는 상담자의 자세는 상담전략에 해당하며, 이제는 어떤 이론적 배경을 가진 상담자라도 기본적인 태도로 활용하고 있다.

이 책은 여러 이론 중에서도 인지행동치료에 근거한 사례개념화의 예시를 제공한다. 인지행동치료는 초, 중, 고등학생들에게 적용하기에 적합하며, 상담자가 기본적인 훈련을 받은 후 활용하기에 적합하다. 무엇보다도 인지행동치료는 가장 많은 경험적 자료를 제공하여 증거기반 실천을 가능하게 한다. 증거기반실천이란 효과성이 검증된 개입을 상담에서 활용하는 것으로, 이 책에 소개된 상담주제들에서 인지행동치료가 효과가 높다는 연구결과들은 이미 축적되어 있다.

## 아동 · 청소년 내담자 초점

이 책은 학교상담을 맥락으로 한다. 성인 내담자 초점과 아동 · 청소년 내담자 초점의 가장 큰 차이는 내담자의 현재 기능에 대한 평가이다. 성인 내담자라면 인지적 왜곡으로 평가될 수 있는 비합리적 신념은 아동·청소년 내담자에게는 인지 결함일 수 있다. 결함이라는 단어의 뉘앙스는 부정적이지만, 인지적 발달이 아직 완성되지 않아, 정보 습득, 평가, 통합과정과 대안적 사고가 가능하지 않기 때문으로 해석될 수 있다.

아동·청소년상담에서는 내담자 변화에 대한 상담자의 심리사회교육적 입장이 강조될 필요가 있다. 아동·청소년은 인지적, 정서적, 행동적 발달이 진행 중이며, 발달을 위해서는 정서적 지지뿐만 아니라, 정보 제공, 인지적 명료화와 대안 제시, 정서조절력 향상 및 새로운 행동의 조형과 부적응적 행동의 교정이 필요하다. 아동·청소년 내담자가 상담 중 통찰을 얻고 스스로 행동을 교정하거나 조형할 수 있기를 기대하는 것은 비현실적일 수 있다.

상담목표는 내담자 호소문제마다 다르다. 다만 상위개념으로는 모든 호소문제의 상담목표는 문제해결력 향상이다. 공격성이 높은 아동이라면, 공격성 통제가 아닌 친화적 행동이 상담목표가 되어야 하며, 상담회기에서 친밀감을 높이기 위해 행동을 학습할 필요가 있다.

## 학교 맥락에 대한 이해

학교상담사는 자신의 상담이 학교 맥락에서 이루어짐을 기억해야 한다. 학교 맥락은 상담자로서의 직장 조직에 대한 이해로서 중요하다.

학교상담사는 교장, 교감, 학생부장을 관리자로 두며, 상담이라는 특수 영역을 담당하며, 교과 교사와는 달리 한 학교에 자신 한 명만 근무한다. Wee 센터와 Wee 스쿨에서 동료들과 함께 근무하는 것과는 여러 가지 면에서 다를 수 있다. 상담전문가로서는 관리자와 교과 교사에게 상담 업무를 이해받지 못하는 경우도 생길 수 있으며, 업무를 설명하라는 요구를 받게 되는 경우도 많다. 하지만 학교상담사도 관리자와 교과 교사의 입장에 대한 이해도를 높일 필요가 있다.

학교 맥락은 내담자를 이해하고 상담목표를 설정 및 달성하는 데 필요하다. 학교에는 학사 일정이 있고, 학생들의 일상사는 학사 일정의 영향을 받는다. 필기시험 및 수행평가 등의 평가 일정뿐만 아니라 동아리 활동 및 학부모 총회 등과 같은 일정이 내담자가 상담을 받으러 오는 호소문제와 어떤 관련을 가지는지를 확인할 필요가 있다.

## 상담자와 내담자의 문화적 배경

상담자는 자신과 내담자의 문화적 배경에 대해 이해할 필요가 있다. 여러 가지 문화적 요인들을 고려해야 하지만, 특히 세대(나이), 성(gender)과 성적 경향성(sexual orientation), 그리고 경제적 상황에는 상담자가 주의를 기울여야 한다.

상담자는 성인이고, 내담자는 아동·청소년인 경우 상담관계에서 가장 먼저 고려할 수 있는 문화적 특징은 나이와 세대 차이다. 상담자는 내담자를 만나기 전에 잠깐이라도 자신의 아동·청소년 시기의 경험을 회상하고 확인할 필요가 있다. 자신의 경험이 내담자의 경험과 유사할 수도 상이할 수도 있다. 경험의 유사성과 별개로 성인상담자는 내담자를 평가할 때 내담자가 아직 발달상 아동·청소년임을 기억해야 한다.

세대 차는 다양한 경험에서 발견될 수 있다. 학습상담을 진행한다면, 상담자는 자신이 학교를 다닐 때의 학습경험과 지금 내담자가 경험하는 학습경험이 어떻게 다른가를 확인할 필요가 있다. 예를 들면, 대학입시 제도는 각 세대별로 확연한 차이가 있으며, 제도에 따른 준비과정도 다르다.

상담관계에서는 성(gender)과 성적경향성(sexual orientation)이 여러 역동으로 일어날 수 있다. 많은 경우 상담관계는 여성 상담자와 여성 내담자로 구성된다. 같은 성(gender)의 경험으로 인해 공감대 형성이 쉽게 이루어지지만, 다른 성의 관점을 통한 새로운 이해는 제한적이다. 상담자와 내담자가 성이 다르면 다른 성의 관점을 새롭게 학습하는 기회가 되기도 하지만, 성이 달라 공감을 받지 못하거나 공감하기 어렵다고 느낄 수 있다.

상담자와 내담자 사이에 성적 매력을 느끼는 것은 정상적인 경험일 수 있으며, 이는 상담 회기 안에서 다루어져야 한다. 회기 밖에서 행동화하는 것은 비윤리적 행동으로 특히 학교상담맥락에서는 「아동·청소년의 성보호에 관한 법률」을 위반하여 법적 책임을 지게 된다.

행동화하지 않더라도 성적 매력을 일방적으로 혹은 상호적으로 느끼는 상담관계는 상담 효과성을 방해한다. 상담자에게 매력을 느낀 내담자는 도움이 필요한 호소문제를 개방하지 않고 지엽적인 문제를 호소할 수 있으며, 내담자에게 매력을 느낀 상담자는 내담자의 진술과 실제 상황이 일치하지 않을 때 이를 간과하기 쉽다.

삶에 큰 영향을 미치지만, 학교상담에서 간과되고 있는 문화적 영향은 경제적 상황일 것이다. 돈을 소리 내어 말하지 않아야 했던 유교적 전통이 아직도 우리 안에 남아 있을 수 있다. 그리고 대부분은 학교상담자가 내담자보다 경제적 상황이 좋기 때문일 수 있다. 특권을 가진 사람은 자신의 상황에서 어려움을 느끼지 않기 때문에, 자칫 그 주제를 간과하기 쉽다.

경제적으로 어려운 내담자에게는 자원을 연계해 주어야 한다. 그리고 경제적 어려움이 내담자에게 미치는 심리적 위축을 이해하고, 심리적 위축으로 인해 내담자가 가능성을 보지 못하는지를 확인할 필요가 있다. 또한, 경제적으로 어려운 환경 속에서 문제해결 전략 생성력을 갖출 수 있도록 도와야 한다.

학교상담자의 전문성을 위해 우리가 향상시켜야 할 여러 가지 역량과 시각들을 고려하며, 보다 효과적인 사례개념화를 할 수 있다면, 실제적으로 학생들의 어려움을 해결할 수 있는 학교상담을 제공할 수 있을 것이다.

# Contents
## 차 례

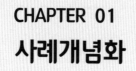

# CHAPTER 01
# 사례개념화

사례개념화는 상담과정을 안내하는 지도와 같으며, 내담자를 처음 만나는 첫 순간부터 작성하기 시작하여야 한다. 운전자가 내비게이션이 안내하는 길과 다른 길로 들어서면 경로가 변경되듯이, 상담자는 초기에 수집한 정보와는 다른 정보를 접하게 되면 새로운 정보에 근거하여 사례개념화를 수정하여야 한다.

## 사례개념화의 구성요소

　사례개념화는 내담자로부터 수집한 정보를 활용하여, 내담자가 현재 경험하고 있는 어려움의 원인을 이론적으로 설명하는 것이다(방기연, 2021). 사례개념화는 (1) 내담자의 호소문제, (2) 호소문제를 촉발한 요인, (3) 호소문제를 유지하는 요인, 그리고 (4) 내담자의 강점, (5) 상담목표와 전략을 포함한 진술문으로 작성한다.

　사례개념화 진술문은 각 항목에 1~2문장 정도를 기술하여 보통 5~10문장의 길이가 적당하다. 일반적으로 상담자들이 작성한 사례개념화 진술문이 긴 편인데, 수집한 내담자 정보를 모두 포함하려고 하기 때문이다. 사례개념화 진술문 초고를 작성하고, 반복되는 내용이 없는지 그리고 보다 추상적으로 표현할 수 있는지를 확인할 필요가 있다.

　사례개념화를 진술문 즉 문장으로 작성하는 것이 바람직하다. 사례개념화는 내담자 정보와 상담자가 이미 습득한 상담에 대한 이론적이고 실제적인 지식 그리고 연구결과들을 통합한 결과물이다. 문장 작성은 처음에는 단편적으로 흩어져 있는 것처럼 보이는 내담자 정보에서 전경이 되는 정보와 배경이 되는 정보를 변별하도록 돕는다. 그리고 문장 작성은 내담자 정보와, 상담자가 근거로 하는 이론적 배경의 지식과 상담의 효과성 연구결과 사이의 연계를 돕는다.

　사례개념화를 작성하기 위해서는 내담자가 진술하는 내용에서 패턴을 찾아야 한다. 내담자의 호소문제는 구체적이며 여러 영역에 흩어져 있는 경우가 많고, 상담자는 여러 호소문제를 주어진 상담 기간 동안 다루기 어렵다고 느낀다. 하지만 여러 호소문제를 패턴으로 요약하면 변화가 필요한 부분은 패턴이며, 이 패턴의 변화를 여러 영역에 적용할 수 있다.

사례개념화 진술문은 각 항목에 상담자가 근거로 하는 이론의 개념을 포함하는 것이 바람직하다. 같은 내담자라 하더라도 상담자의 이론적 접근에 따라 작성된 사례개념화 진술문은 다르다. 인지행동치료, 인간중심상담, 정신역동적 상담이론에 근거한 사례개념화가 어떻게 다른지는 『상담심리학(방기연, 2020)』을 참조하기를 바란다.

## 정보수집

사례개념화의 시작은 내담자와 처음 만나 시작하는 대화를 통한 정보수집이다. 일반적으로 상담자가 내담자와 라포를 맺고 정보수집을 한 후, 사례개념화를 진행한다고 생각하는 경우가 많다. 하지만, 라포 형성, 정보수집, 사례개념화는 동시에 일어난다. 정보수집을 위해 건네는 상담자의 질문의 내용과 음성 및 행동을 보며 내담자는 상담자를 믿고 상담을 받고 싶기도 하고 상담을 받지 않기로 결정하기도 한다. 상담자는 첫 질문에 대한 내담자의 응답을 들으며 다음 질문을 하게 되는데, 다음 질문을 통해 얻어질 정보가 중요한 것이라는 즉 사례개념화에 필요한 정보라는 가정을 한다.

초보상담자들의 경우 정보수집이 충분하지 않기 때문에 사례개념화를 작성하기 어렵다. 정보수집이 부족하다는 것은 정보의 양만을 뜻하는 것이 아니라, 내담자를 돕기 위한 정보에 초점이 맞추어지지 않았다는 것을 뜻한다. 그리고 수집된 정보가 서로 연결고리를 가지고 있지 않은 경우를 뜻한다. 기본적으로 수집하여야 하는 정보와 각 정보에 대한 설명은 다음과 같다.

## ▎내담자 기본 정보

내담자의 기본 정보에는 나이와 성별, 그리고 학년이 포함된다. 학교상담에서는 학년이 중요하다. 학년은 내담자의 학교의 맥락과 당면한 발달과제를 알려주는 중요한 정보이다.

내담자의 기본 정보를 기술한 후 상담자는 다시 그 정보를 들여다보고 그 정보가 함의하고 있는 여러 맥락과 고려해야 할 점들을 상기할 필요가 있다. 예를 들면 15세 여학생이라면 청소년기의 발달적 특징들을 고려해야 한다.

상담자는 내담자가 소속되어 있는 학교 정보 역시 중요하며, 학교가 내담자에게 미치는 영향도 고려하여야 한다. 예를 들어, 남녀공학 혹은 남중고, 여중고인지 혹은 아직 고교평준화가 실시되지 않아 성적이 좋은 학생들이 진학하는 학교인지 등의 학교 맥락은 내담자의 어려움에 직간접적으로 혹은 보호요인으로 작용할 수 있다.

## ▎내담자 호소문제 혹은 상담에 의뢰된 배경

내담자가 작성하는 상담신청서에는 상담받고 싶은 주제를 기술하거나 선택할 수 있게 되어 있다. 내담자가 선택할 수 있는 상담주제는 성격, 학업 스트레스, 교우관계, 진로 및 진학, 성정체성, 가족관계 갈등, 인터넷 및 약물 중독, 부정적 정서 등이다.

담임교사나 부모에 의해서 내담자가 상담에 의뢰된 경우에는 그들이 내담자에게 상담이 필요하다고 판단한 이유를 기록한다. 내담자가 아직 자신의 문제를 자각하고 있지 못하고, 주변인이 내담자의 문제를 자각하여 내담자를 상담에 의뢰했을 수 있다.

하지만, 현재 상황이 내담자의 문제 혹은 어려움이라기보다는 담임교사와 부모의 불편함일 수도 있으므로, 내담자 주변인의 상담의뢰 배경을 고려하지만, 내담자의 시각을 확인할 필요가 있다. 그렇지 않으면 성인인 상담자도 내담자 주변인인 성인의 시각에서만 내담자의 상황 및 행동을 판단할 수 있다.

내담자나 내담자의 주변인이 상담신청서에 진술한 호소문제는 사례개념화의 첫 구성요소인 호소문제로 사용될 수도 있다. 그러나 많은 경우 사례개념화의 호소문제는 상담자의 언어로 재진술된다. 내담자나 주변인이 초기에 진술한 호소문제가 내담자 정보를 전체 종합했을 때 같은 문제지만 다른 주제어로 기술되기도 하고, 초점이 달라지기도 한다.

예를 들어 고3 학생이 '심한 우울감'을 호소문제로 진술하지만, 사례개념화의 호소문제는 '목표로 하는 대학을 가기에 원하는 성적을 얻지 못하여 좌절하여 우울감을 경험하고 있다'로 진술될 수 있다. 그리고 학습상담으로 사례가 진행될 수 있다.

## ▍이전 상담경험

이전 상담경험은 내담자의 현 상담에서의 호소문제에 대한 정보를 제공한다. 이전에도 같은 호소문제로 상담을 받았다면, 상담의 효과로 변화된 부분과 여전히 문제로 남아 있는 부분을 확인할 필요가 있다. 이전 상담의 주제와 현 상담의 호소문제가 다르다면, 새로운 문제인지 혹은 이전의 주제와 표면적으로는 다른 주제처럼 보이지만, 이전 호소문제의 다른 형태의 표현인지 등을 확인할 필요가 있다. 다른 호소문제라면 이전 상담에서 문제를 해결한 방식이 이번 호소문제에도 적용이 가능한지를 확인할 필요가 있다.

이전 상담경험은 지금 상담에 대한 내담자의 기대를 뜻한다. 이전 상담경험에서 도움을 받은 것과 기대가 충족되지 않은 부분을 확인하여야 한다. 도움을 받은 경험은 현 상담에서 비슷한 도움을 받을 것을 기대하게 한다. 기대가 충족되지 않았다면, 현 상담에서 그 부분에 대한 욕구가 충족되기를 원할 수 있다. 간혹 이전 상담 혹은 상담자의 태도가 윤리적이지 않거나 일반적인 상담과정이 아니었다면, 이에 대한 교정적 시각을 상담자가 제공할 필요가 있다.

최근에는 이미 상담을 받아본 내담자가 상담을 받으러 오는 경우가 많다. 중학교나 고등학교의 내담자는 초등학교나 중학교의 Wee 클래스에서 이미 상담을 받아봤을 수 있다. 초보상담자의 경우에, 특히 이 내담자가 첫 내담자라면, 내담자가 상담과정에 대해 더 경험이 많을 수 있음도 고려할 필요가 있다.

## ▎가족(법적보호자) 정보

학교상담에서의 가족 정보는 부모, 형제자매, 조부모 등의 가계도로 표현된다. 가족은 내담자가 태어나서 처음으로 사회적 관계를 맺은 사람들의 집단으로, 내담자에게 미친 영향이 가장 큰 존재이다. 즉 어떤 문제라도 자동적으로 원인을 가족에게 돌릴 수 있다. 적어도 일부라도 가족이 영향을 미쳤을 가능성은 상담자에게 쉽게 포착된다. 따라서 상담자는 내담자 호소문제의 원인을 가족에게서만 찾지 않도록 주의를 기울일 필요가 있다. 가족이 지금의 호소문제의 원인일지라도, 그리고 가족이 변화하지 않더라도, 내담자의 변화를 어떻게 도울 수 있을까를 고민할 필요가 있다.

학교상담자는 내담자가 핏줄로 이어진 가족이 아닌 법적 보호자와 함께 살고 있을 가능성을 기억해야 한다. 아동 보호시설에서 생활하는 내담자의 경우 아동 보호시설에서 생활하는 이유에 해당하는 가족 정보를 탐색할 수도 있지만, 시설에서 부모처럼 지지자가 되어주거나, 갈등을 경험하는 사람들과의 관계에 대한 정보를 확인할 필요가 있다.

내담자가 가족 정보에 대해 개방하기를 꺼리면, 상담자는 내담자가 방어적이라고 평가한다. 가족에 대한 정보를 내담자가 흔쾌히 그리고 빨리 개방하지 않는다면, 내담자가 자신의 호소문제가 가족과는 관계가 없다고 여겨서일 수도 있다. 그리고 내담자가 주관적으로 평가할 때 자랑스럽지 않은 정보는 개방하기까지 시간이 걸린다.

가족에 대한 정보를 탐색할 때 어린 시절 애착 경험과 상호작용 정보를 탐색하는 것은 중요하다. 그러나 더 중요한 것은 가족에 대한 정보를 내담자의 호소문제와 연결하여 내담자의 호소문제를 이해하는 데 활용할 수 있어야 한다. 예를 들면, 학업 스트레스를 호소하는 내담자의 가족 정보를 탐색한다면, 가족들의 학력 및 성적에 대한 생각에 초점을 맞추어 정보를 탐색할 필요가 있다.

## ▌인상 및 행동특성

내담자 외모 정보는 대략적인 키, 마르거나 비만 정도, 헤어스타일, 안경 유무, 복장 스타일, 청결 정도 등을 포함한다. 행동특성은 내담자가 상담실에 들어올 때, 들어와서, 회기 중에, 그리고 회기를 마치고 상담실을 나가기까지 행동 중 내담자의 특성을 보여주는 행동을 뜻한다.

객관적 정보를 담고 있는 것처럼 보이지만, 상담자는 자신이 작성한 인상 및 행동특성을 다시 읽어보고 어떤 느낌이 드는지를 확인하는 것이 필요하다. 이를 통해 상담자가 내담자에 대해 어떤 감정을 경험하는지 확인할 수 있다.

인상 및 행동특성 정보는 내담자의 변화가 필요한 영역을 보여주기도 한다. 예를 들어 초등학생이 또래들 사이에서 소외되는 주제로 상담을 받고 있는데, 청결하지 않은 외모가 인상 및 행동특성 정보에 기록되었다. 이 경우에는 또래들에게 수용될 수 있도록 청결한 외모를 유지하는 것이 내담자에게 필요한 변화이다.

## 심리검사 결과 및 주요 해석 내용

심리검사를 실시할 때는 내담자의 호소문제에 적합한 심리검사를 선택하여야 한다. 내담자가 진로상담을 받기를 원한다면 진로 관련 심리검사를, 학습상담을 원한다면 학습 관련 심리검사를 실시해야 한다. 많은 경우 내담자의 호소문제보다는 상담자 자신의 자격증 취득을 위한 심리검사를 실시하는 경우가 있는데, 이는 윤리적이지 않다. 더 나아가 호소문제와 동떨어진 심리검사를 실시함으로, 상담이 본래 초점을 맞추어야 하는 호소문제를 벗어나거나, 실시한 심리검사의 결과가 상담 과정에서 활용되지 않아, 상담의 효과성을 저해한다.

내담자의 호소문제와 관련된 심리검사를 실시했다면, 이를 내담자에게 해석해 주어야 한다. 내담자에게 심리검사 결과를 설명할 때에는 심리검사 결과의 향상이 필요한 부분(부정적인 결과)과 긍정적인 부분에 균형을 맞추어야 한다. 예를 들면, 내담자의 심리검사 결과 불안점수가 높다. 불안은 내담자의 주의집중을 방해하기도 하지만, 미래에 대한 계획을 세우도록, 그리고 그 계획이 순조롭게 진행되지 않을 경우를 예비하도록 돕는다.

## 내담자의 강점과 자원

상담자는 자신은 조력자이며, 내담자가 스스로 문제를 해결한다고 믿고 있을 수 있다. 그러나 사례개념화를 작성하기 위해 문제의 원인을 찾다 보면, 내담자의 문제와 문제의 원인만 보이고, 내담자의 강점과 자원은 잘 보이지 않는다. 그래서 정보수집 과정의 마지막 지점인 내담자의 강점과 자원을 알아차리기 위해서는 잠시 멈춤이 필요하다.

내담자의 가장 큰 강점은 내담자의 능력이다. 지금의 상황이 어떠하든지 내담자는 성공을 경험한 적이 있다. 또한, 문제 영역에서는 어려움을 겪고 있지만, 다른 영역에서는 충분히 기능하고 있을 수 있다. 예를 들면, 교우관계에서 어려움을 겪고 있는 학생의 학업 성적은 우수할 수 있다. 지금은 교우관계에 어려움을 경험하고 있지만, 작년까지는 적절하게 교우관계를 형성하고 유지하였을 수 있다.

또한, 내담자의 성격 특성도 강점이 될 수 있다. 문제와는 별개로 내담자는 긍정적이고, 유쾌하며, 사려 깊은, 독특한 자질을 소유하고 있을 수 있다. 그리고 지금은 문제 혹은 어려움으로 느껴지는 내담자의 특성은 내담자의 강점이 될 수 있는 성격 특성이다. 예를 들면 분노를 행동화하여 교사에 의해 상담에 의뢰된 학생을 생각해 보자. 분노는 자신의 목표가 좌절될 때 느끼는 감정으로, 분노한다는 것은 목표 혹은 기대가 좌절되었다는 것을 뜻한다. 기대가 좌절되었을 때 행동화하는 것은 교정되어야 하지만, 분노는 욕구를 인식하도록 도울 수 있고, 욕구를 실행하고자 하는 에너지로 활용될 수 있다.

내담자의 자원에는 사회적 지지가 포함된다. 상담자는 사회적 지지를 평가할 때 이상적인 잣대를 사용하거나 편견을 가지지 않도록 조심할 필요가 있다. 예를 들어, 학생의 어머니가 전화통화는 되지만, Wee 클래스에 와서 부모상담을 받지 않으면, 상담자는 어머니가 자녀에게 관심이 적으며 상담에 적극적이지 않다고 평가할 수 있다. 그러나 어머니가 휴가를 쓰기 어려운 직장에 다니거나, 어머니의 수입이 가족의 생계에 필수적인데 급여를 시급으로 받는다면, 면대면 부모상담 회기는 어려울 수 있다. 어머니가 상담자의 전화를 잘 받으면 전화로 부모상담을 제공하고, 어머니가 내담자의 정서적 지지원이 되도록 할 수 있다.

상담자가 확인해야 하는 내담자 자원 중에는 물리적 지지가 있다. 가족관계 갈등이 내담자의 호소문제인 경우에 그리고 다른 호소문제로 부정적 정서를 경험하면 가족관계 갈등이 상담 회기에서 진술된다. 이런 경우 부모를 문제의 원인으로 보거나 적어도 자원으로 보지 않게 된다. 그러나 갈등이 있어도 가족이 생계비, 교육비, 그리고 이동비 지원 등을 제공하고 있다면, 물리적 지지를 제공하고 있는 자원으로 개념화할 필요가 있다.

## 📖 참고문헌

방기연(2020). 『상담심리학』. 교육과학사.
방기연(2021). 『상담수퍼비전의 이론과 실제』. 양서원.

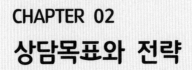

CHAPTER 02
# 상담목표와 전략

상담목표는 호소문제의 해결이며, 궁극적으로 학생의 정상발달이다. 학생의 정상발달에
초점을 맞추지 않으면, 상담은 호소문제를 논의하고 이해하는 데 초점을 맞추게 된다.
내담자 입장에서는 자신의 어려움을 이해하게 되지만, 문제는 해결되지 않을 수 있다.
학생의 정상발달이라는 상담목표 달성을 위해 상담 회기를 진행하고 싶다면, 매 회기 시
작과 종결 후에 상담목표와 전략을 다시 검토해야 한다.

## 상담계획

　사례개념화를 작성한 후 상담자는 상담계획을 수립한다. 상담계획은 내담자가 상담을 통해 얻고자 하는 목표와 이 목표를 달성하기 위한 상담전략을 포함한다. 그리고 작성된 상담계획은 회기 시작 전에는 회기 계획으로, 회기 후에는 회기를 평가하는 지표로 사용된다. 그리고 상담관계를 종결할 때 최종적인 평가 지표로 사용된다(방기연, 2020).

　상담계획은 내담자의 현재 상태와 미래의 꿈을 밝혀주는 작업이다. 상담을 받으러 올 때는 내담자는 삶 전체에서 가장 고통스럽거나, 절망스럽거나, 해결점을 찾지 못해서 막막한 시점이다. 상담계획은 결과적으로 상담결과가 어떻게 발현되어서 어떤 일이 어느 정도 이루어지면 상담을 종결할 것인지를 말해준다.

　사례개념화와 마찬가지로 상담계획은 상담이 진행되면서 언제든지 수정될 수 있다. 상담은 궁극적으로 내담자를 돕는 작업임으로, 내담자에 대한 새로운 정보가 수집되어, 사례개념화의 촉발요인이나 유지요인도 수정될 수 있으며, 내담자의 강점 역시 변경될 수 있다. 사례개념화가 수정되면, 수정된 사례개념화와 일관되도록 상담계획 역시 수정되어야 한다.

## 상담목표

### 상담의 결과

상담목표는 상담을 통해 성취하고자 하는 결과를 뜻하며, 구체적 행동으로 기술되어야 한다. 진로상담의 목표는 새로운 진로 설정(결정) 및 준비 시작이다. 상담자들이 선호하는 상담목표 중에 '새로운 진로 탐색'이 있는데, 이는 중간 목표에 해당되며, 탐색만을 진행한 경우 상담 종결 시에 효과적으로 상담이 진행되었다고 평가하기는 어렵다.

초보상담자들이 자주 기술하는 상담목표는 자존감 향상이다. 아마도 모든 상담의 궁극적인 방향은 자존감 향상일 것이다. 이 자존감 향상을 구체적 목표로 진술한다면 '성공을 경험하기'일 수 있다. 하지만 내담자의 실존적 삶의 맥락에서 성공을 바로 경험하기는 어려울 수 있다. 그런 경우 상담자가 내담자의 경험을 성공 경험으로 재진술해야 한다. 내담자가 자신의 경험을 결과지향적으로 실패라고 평가할 때, 상담자는 과거에는 시도하지 않았지만, 현재는 특정 행동을 시도하여, 과거에 비해 행동이 변화한 것으로 상황에 대한 재인식을 제공할 수 있다.

### 긍정성

상담목표는 긍정적으로 표현되어야 한다. 초보상담자들은 정서적 어려움을 경험하는 내담자의 상담목표로 '우울감 줄이기' 혹은 '불안감 줄이기' 등을 제시하는 경우가 많다. 이는 부정적 정서를 줄이기라는 궁극적으로 긍정적 방향으로의 변화를 뜻하지만, 부정적 정서를 포함하고 있다. 우울감 줄이기는 '삶의 활력을 되찾기'로, 불안감 줄이기는 '정서적 안정감 회복하기'로 진술할 수 있다.

부정적인 행동 교정이 필요한 경우에도 부정적인 행동의 빈도나 강조를 줄이기보다는, 긍정행동 즉 대안행동을 시작하고 유지하는 것을 상담목표로 표현하는 것이 바람직하다. 예를 들면, '게임 시간 줄이기'보다는 게임 대신에 해야 하는 '학습 시간 늘리기' 혹은 '스트레스 해소를 위한 다양한 활동에 참여하기'라는 목표가 더 바람직하다. 목표가 긍정적으로 표현되면, 상담 회기가 긍정적 경험을 증가시키는 방향으로 진행된다.

더 나아가 상담목표의 긍정성은 내담자가 자신이 속한 발달 단계의 과제를 완수하는 것을 의미한다. 학교상담의 내담자는 에릭슨(Erikson)의 심리사회적 발달 단계 중 학령기와 청소년기 단계에 속한다. 각 단계의 특징이 대조적으로 표현되지만, 긍정적인 특징만을 생성한다기보다는 두 특징 사이의 균형을 잡는 것이 더 바람직한 정상발달이다(Erikson, 1994).

학령기의 내담자가 달성해야 하는 정상발달의 덕목은 유능감(competence)이며, 근면성과 열등감 사이의 균형을 잡는 것이다. 학령기에 내담자는 초등학교에서 자기 가치를 형성하면서, 새로운 기술을 학습하고, 유능감을 발달시킨다. 내담자는 유능감을 발달시키기 위해 근면하게 활동한다. 그런데, 학습 과정에서 낮은 평가를 지속적으로 받으면 열등감이 발달한다.

근면성과 성공을 과도하게 가치화하면 편협한 도덕성을 가지고, 강박적 행동을 하게 된다. 실패를 경험할 때 지나치게 열등감을 느끼면,

무력감, 무관심, 목적 없음, 게으름을 학습하게 된다. 상담자는 열등감을 호소하는 내담자의 경험을 실패가 아닌 시도로 재명명하고, 성공 경험을 보다 많이 인식하도록 도울 수 있다. 그리고 지나치지만 않으면 열등감은 자신을 성장시키는 원동력이 된다.

청소년기의 내담자가 달성해야 하는 정상발달의 덕목은 진실성(fidelity)이며, 역할 혼란을 경험한 후 자아정체감을 형성하는 것이다. 자아정체감은 '나는 누구인가?'라는 추상적인 질문에 대한 답이며, 이는 일반적으로 사회적 역할을 수행하는 것으로 표현된다. 자아정체성을 탐색 그리고 형성하는 과정에 역할 혼란을 경험한다. 역할 혼란은 아동기 때와는 다른 여러 행동으로 성인들이 납득하기 어려운 행동이다. 역할 혼란 없이 조기에 자아정체감이 형성되는 것처럼 보이면, 이는 진정한 자아정체감이 아닐 수도 있다. 정도의 차이는 있지만, 역할 혼란을 경험하는 것이 필요하다.

자아정체감을 지나치게 강조하면 자만과 극단적인 태도를 형성하고, 정체성 혼란이 심하면 사회적 부적응과 단절을 경험하게 된다. 상담자는 역할 혼란을 경험하는 내담자의 경험을 정상경험으로 수용하고, 이를 통해 자신의 사회적 역할에 대한 명료화와 새로운 역할을 수행할 수 있도록 도와야 한다.

## ▌내담자와의 합의

상담목표는 궁극적으로 내담자 변화의 방향으로 상담자와 내담자가 같은 목표를 상정하고 상담을 진행해야 한다. 이를 '상담자와 내담자가 상담목표에 합의한다'라고 표현한다. 상담자와 내담자 누구라도 상담목표를 제시할 수 있고, 서로 동의하면 '합의한다'고 볼 수 있다.

초보상담자는 내담자가 상담목표를 제안하도록 하는 것이 내담자를 더 존중하는 것이라고 생각하는 경우가 있다. 내담자가 상담목표를 제시할 수 있다면 바람직하다. 하지만 내담자는 자신의 삶에서 해결책을 찾지 못하여 혼란한 상황에 있으며, 여러 가지 문제를 동시에 고려하여 문제 중에서 우선순위를 결정하는 데도 어려움을 겪고 있을 수 있다. 이런 경우 상담자가 상담목표를 제시하고 내담자의 동의를 구하는 것이 좋다. 상담을 진행하다 내담자가 다른 상담목표를 제시하면 그때 상담목표를 재설정하여도 된다.

## 상담전략

### ▌ 상담이론 적용

상담목표가 설정되면 상담자는 이를 달성하기 위해 사용할 상담전략을 결정한다. 상담자가 선택하는 상담전략은 근거하는 상담이론에 따라 달라진다. 따라서 같은 상담목표를 가진 경우에도 이론적 배경이 다른 상담자가 선택하는 상담전략은 다르다.

상담자가 인지행동치료이론에 근거하고 있다면 인지왜곡 수정이 전략이 될 수 있다. 학교상담에서는 인지왜곡을 수정하는 것이 내담자의 인지발달을 돕는 과정임을 기억할 필요가 있다. 또한, 내담자의 인지왜곡이 대안적 사고가 이루어지지 않았기 때문이라면, 대안 해석을

할 수 있는 기회를 제공하거나, 상담자가 대안 해석을 제공할 필요가 있다.

내담자는 진로를 탐색하는 과정에서 경제적 어려움을 감지하면 바로 포기하는 경향을 보였다. 실제로 경제적 어려움으로 인해 진로를 수정해야 하는 경우도 많다. 경제적 어려움으로 진로 진행이 어렵다면 상담자가 내담자가 경제적 지원을 받을 수 있는 자원을 연계할 필요가 있다.

경제적 어려움은 실제로 진로 결정에 영향을 미치는 중요한 요인이다. 하지만 내담자가 바로 진로 방향을 수정할 만큼의 중요성을 가지고 있지는 않을 수 있다. 경제적 어려움에 대한 과잉일반화는 교정될 필요가 있다.

상담자가 사용할 상담전략을 결정하면 이를 내담자에게 설명해 주어야 한다. 인지행동치료적 접근의 상담자는 "저는 삶의 어려움이 상황에 대한 생각이나 해석에 따라 많이 달라질 수 있다고 믿고 있습니다. 따라서 생각에 대한 작업들이 상담에서 이루어집니다. 그리고 생각이나 해석이 달라진 후에는 문제를 해결하기 위한 노력을 해야 합니다. 그런데 구체적 행동이 실행되어야 목표를 달성할 수 있기 때문에, 구체적 실행 행동에 대한 이야기를 나누게 될 것입니다"라고 설명할 수 있다. 상담자는 상담이론의 용어를 사용하지 않고, 내담자에게 자신의 이론적 배경을 설명하는 준비를 해야 한다.

## ▍상담 회기 계획

상담목표와 전략이 정해지고, 이를 내담자에게 설명한 후, 상담자는 상담 회기 계획을 세워야 한다. 회기 계획은 가능한 상담 회기 수에 따라 달라진다. 회기 계획은 사례개념화에 근거하여 이루어지고, 사례 개념화는 1회기부터 간략하게라도 상담자가 작성하기 시작하여, 2회기 까지는 완성하는 것이 이상적이다.

학교에서는 학기 시작 후 1달 후부터 상담신청이 이루어지고, 방학으로 그 학기의 상담이 종결되는 경우가 많다. 이런 경우 10회기 상담을 하게 된다. 1~2회기는 초기단계로 내담자와 라포를 형성하고 사례개념화를 작성한다. 그런 다음 본격적인 상담전략을 활용하는 중기단계는 3회기부터 8회기로, 5회기 동안 본격적인 변화를 위한 상담개입이 이루어진다. 9~10회기는 종결단계로 이제까지의 상담과정을 평가하고, 종결 후를 계획한다.

상담이 10회기 이상 진행되어도 사례개념화가 수정된다면, 수정된 사례개념화 이후가 중기단계의 성격을 띠게 된다. 사례개념화의 수정이 없이 10회기 이상 상담이 진행된다면, 5회기마다 중간 평가를 하는 것이 바람직하다. 그리고 사례개념화가 수정되지 않더라도, 5회기 중간 평가 내용에 근거하여 회기 계획들을 수립 혹은 수정하는 것이 바람직하다.

회기 계획을 수립할 때는 각 회기별로 날짜를 기입할 필요가 있다. 날짜를 기입하면 공휴일, 현장학습, 중간 · 기말고사, 모의고사, 방학 등이 1주일에 1번 진행되는 상담과정 중 어떻게 영향을 미치는지를 미리 인식할 수 있다.

예를 들어, 4월 초에 또래관계 형성에 어려움을 느끼는 내담자가 상담을 왔다면, 첫 회 상담 후 1~2회기의 상담 후에 중간고사로 인해 1~2주를 쉬게 된다. 또한, 첫 회기에는 또래관계 형성의 어려움을 호소하지만, 그다음 회기에는 중간고사 불안이 주요 화제가 될 수 있다. 중간고사가 끝나고 나면 중간고사 불안은 지나가는 주제가 되고, 다시 또래관계가 주 호소문제로 나타날 수 있다.

6월 말~7월 초가 되면 내담자가 또래관계에 더 이상 힘들지 않다고 하는 경우가 많다. 상담의 효과로 또래관계가 형성되거나, 혹은 아직은 친밀한 관계는 없지만 동행하는 친구가 생겨서라면 1~2회기 동안 새로 학습한 행동을 지속할 수 있도록 일반화하고, 다시 어려움이 생길 때의 대처방법을 다루고 상담을 종결한다. 그런데, 내담자의 또래관계에 변화가 없어도 방학이 얼마 남지 않으면 내담자의 또래관계 스트레스는 줄어든다. 그리고, 다음 학기가 되면 또래관계를 잘할 수 있을 것이라는 막연한 희망을 가지는 경우도 많다. 이런 경우에는 오히려 방학 동안 다음 학기 또래관계 형성 및 유지를 위한 상담을 진행하는 것이 궁극적으로 내담자를 돕는 전략일 수 있다.

📖 **참고문헌**

방기연(2020). 『상담심리학』. 교육과학사.

Erikson, E. (1994). Identity and Life Cycle. W.W. Norton & Company: NA: New York.

CHAPTER 03

# 주의력결핍 과잉행동

내담자가 '교사의 지시에 순응하고 교우들과 갈등 없이 지낸다'라는 학교의 암묵적 규칙을 어기면, 상담자는 주의력결핍 과잉행동을 고려하게 된다. 학교상담자는 내담자의 행동특성을 이해하고, 조형 및 교정이 필요한 행동에 초점을 맞출 필요가 있다. 또한, 내담자가 학교의 암묵적 규칙에 적응할 수 있도록 그리고 교사가 내담자의 적응을 도울 수 있도록 조력할 필요가 있다.

# 주의력결핍 과잉행동 사례개념화

## 사례 정보

내담자 기본 정보: 초1(7세), 남

상담의뢰: 내담자는 원하는 대로 일이 이뤄지지 않을 때 교사에게 분노를 강하게 표현하고, 수업 시간에는 교사의 지시를 따르지 않고 다른 학생들의 수행을 방해하여 4월에 담임교사가 상담을 신청하였다.

내담자의 호소문제: 선생님이 약속(시간표상의 체육시간을 운동장 활동 대신에 실내 활동으로 변경)을 지키지 않고, 자신을 혼내고, 상담을 받으라고 해서 억울하다.

이전 상담경험: 없음

가족 정보

* 아버지: 40대, 회사원, 친구 같은 아빠가 되고 싶다는 말을 자주 하고, 아이와 몸으로 잘 놀아준다.

* 어머니: 40대, 주부, 집에서는 내담자가 주의력결핍 과잉행동을 보이지 않지만, 자녀와 담임교사와 갈등을 경험하고 있음을 인식하고 있었으나, 남편에게는 교사들의 자녀에 대한 피드백을 공유하지 않았다.

* 누나: 초3, 여, 자기 일을 알아서 잘하며, 남동생과 크게 갈등도 없지만, 함께하는 활동은 거의 없다.

인상 및 행동특성: 마른 체형에, 위생 상태는 양호하다.

심리검사: 얼마 전 실시한(4월) 정서행동특성검사에서 [자기통제 부진] 영역에서 높은 점수가 보고되어, 관심군으로 분류되었다.

내담자의 강점: 자신이 경험한 상황을 인식하고 언어로 표현할 수 있으며, 상담자의 대안적 상황 설명을 이해할 수 있다.

## 사례개념화

호소문제: 내담자는 교사가 수업 등의 약속을 이행하지 않고 자신을 상담에 보내서, 그리고 친구들의 수행을 도우려 했는데 교사에게 혼이 나서 억울함을 느끼고 있다.

촉발요인: 내담자는 초등학교 1학년 학생에게 요구되는(교사의 지시에 순응한다는) 암묵적인 규칙을 인식하지 못하고 있거나 동의하지 않아 교사와 갈등을 경험하고 있다.

촉발요인을 설명하는 촉발 사건: 초등학교 입학 후 1달이 지난 시점에서 내담자는 교사와 갈등이 일어나는 유사한 사건들을 경험한다. ① 내담자는 담임교사가 시간표를 준수하지 않는다고 보고하는데, 3월에 학기 초 행정 업무가 많아 담임교사는 체육시간을 외부 활동 대신에 내부 활동 등으로 진행하였고, 미술 시간에 만들기 활동 대신에 감상 활동으로 대체하였다. ② 내담자는 받아쓰기 및 연산 활동 중 주변 친구들이 틀리거나 어려워하면 자리에서 일어나 친구 옆으로 가서 가르쳐 주었다고 보고하고, 담임은 수업 시간에 교사의 지시를 잘 따르지 않고 다른 친구의 학습활동을 방해한다고 보고하였다.

유지요인: 내담자는 규칙이 많지 않고 자유로운 유치원과 가정에서 자라면서, 규칙을 제시받고 순응하도록 요구받은 경험이 적다. 현재 경험하고 있는 교사와의 갈등에서도 부모는 자녀와 같은 시각에서 상황을 바라보고 교사의 입장을 자녀에게 설명하지 않는다.

내담자의 강점: 내담자와 부모 모두 상담자의 상황에 대한 대안적 시각을 이해할 수 있고, 부모는 교사와의 갈등을 줄여나가야 할 필요성을 인정하고 있다.


## 상담목표

상담목표 1: 학교에서 적응적으로 행동한다(교사의 지시에 적절하게 반응하기 및 권위자로부터 자기를 보호하기, 수업 시간에 자신의 학습에 집중하기 등).

상담목표 2: 주의력 집중을 향상시키고, 상황에서 행동을 조절할 수 있다.

## 상담목표 1에 대한 전략

상담전략 1: 교사의 지시 상황에서 ① 자신의 욕구를 명료화하고 ② 욕구 좌절 인내력
　　높이기(자기 주장은 하지만 원하는 일이 일어나지 않을 수 있음을 수용), ③ 욕구 좌
　　절 시 적절한 행동 및 욕구 해소 전략을 수립하기(체육이나 미술 활동을 방과 후 활
　　동으로 선택)

상담전략 2: 다른 친구들의 학업을 도와주고 싶은 마음이 들 때, ① 교사가 수업 시간에
　　앉은 자리에서 일어나거나 이동하는 것을 허락하는지 확인하기, ② 자신의 학업 수행
　　결과를 점검하기, ③ 친구가 내담자에게 학업을 도와달라는 요청이 있었는지 확인하
　　기, ④ 자신의 학업 수행이 빨리 끝나면 조용히 다음 페이지를 읽기 연습하기


## 상담목표 2에 대한 전략

상담전략 1: 현재 주의집중 시간을 평가하고, 점진적으로 주의집중 시간을 확장하도록,
　　집중력이 낮아질 때마다 스스로 환기하기

상담전략 1-2: 주의집중의 어려움이 학습역량의 부족 때문이라면, 기초학력을 높이기
　　위한 현재 학습역량 평가, 학습활동 계획, 학습역량 향상을 위한 외부 자원 연계, 장
　　기적 관점으로 학습 향상을 추구하기

상담전략 2: 상황별 적절한 행동에 대한 학습 및 실행 연습하기(학교, 학원, 종교기관,
　　친구 집 방문, 집에 손님이 온 상황 등)

## 주의력결핍 과잉행동에 대한 이해

DSM-5-TR(APA, 2022)에 의하면 주의력결핍 과잉행동장애 (Attention Deficit/ Hyperactivity Disorder: ADHD)는 신경학적 발달 장애이 며, 아동기에 판별되고 성인기까지 지속될 수 있으며 기능적인 생활에 여러 가지 어려움을 일으킨다. 일반적으로 만 12세 이전에 발병되며, 유병률은 학령전기 2~8%, 학령기에서 청소년기 5%, 성인은 약 2.5%이 며, 남녀 성비는 약 2:1로 나타난다(이수민 외, 2016). ADHD는 보통 유 치원이나 초등학교 저학년 시절에 교사들이 지도하기 어려워하면서 발 견되는 경우가 많다.

### 주의력결핍 과잉행동장애 진단

주의력결핍 과잉행동장애는 ① 부주의한 것, ② 과잉행동, ③ 충 동성이라는 세 가지 특징을 나타낸다. DSM—5-TR은 여러 증상 가운 데 6가지 이상의 증상이 6개월 동안 부적응적이고 발달 수준에 맞지 않 을 정도로 지속되면 주의력결핍 과잉행동장애로 진단한다(APA, 2022).

부주의한 것에는, 세부적인 면에 면밀한 주의를 기울이지 못하고 실수를 저지름, 집중을 지속하지 못하고 쉽게 산만해짐, 지시를 완수하 지 못함, 타인의 말을 경청하지 못함, 물건을 자주 잃어버림 등이 있다.

과잉행동에는, 잠시도 가만히 앉아 있지 못하고 끊임없이 몸을 움직 임, 자리를 이탈함, 지나치게 뛰어다님, 지나치게 수다스러움 등이 있다.

충동성에는, 결과를 예측하지 못하고 충동적으로 행동함, 다른 사람의 활동이나 대화에 끼어들고 참견함, 잘 기다리지 못함, 쉽게 화를 내거나 공격적인 행동을 보임 등이 있다.

ADHD에는 주의력결핍 우세형, 과잉행동 충동성 우세형, 복합형의 유형이 있다. 과잉행동과 충동성 우세형은 충동적이고 행동으로 표현하기 때문에 어린 시절에 두드러진다. 주의력결핍 우세형은 어린 시기에는 잘 보이지 않다가, 초등학교 고학년에 진단을 받는다.

## ▎주의력결핍 과잉행동장애의 원인

ADHD의 원인에 대한 명확한 이유는 아직 밝혀지지 않았고, 다음과 같이 추론되고 있다(APA, 2022). 첫째, 신경발달상의 원인으로, 뇌나 신경전달물질에서 일반인과 다른 부분이 발견된다. 운동근육과 주의체계의 자기조절과 관련된 전두엽 기능이 손상되었을 가능성이 크고, 신경전달물질인 도파민과 노르에피네프린이 뇌의 특정부위에서 적게 나타난다.

둘째는 유전이지만, 어떤 유전자를 통해서 유전되는지는 아직 밝혀지지 않았다. 단지 형제 중에 ADHD가 있으면 ADHD가 없는 형제를 가졌을 때보다 발병률이 높다. 일란성 쌍둥이인 경우 발생률이 더 높지만, 이는 상관관계가 높을 뿐이다.

셋째, 환경적 요인으로는 부모의 훈육 태도 및 부부간 불화의 심각성 등이 있다. 하지만 부모의 훈육 태도가 ADHD를 일으킨다고 보기보다는, ADHD 진단을 받은 후에 부모의 훈육 태도가 증상을 악화시키거나 완화시키는 데 영향을 끼친다고 해석된다. 잘못된 부모 역할이 ADHD를 초래한다는 근거는 없다. 또한 같은 가정에서 자란 자녀들 중한 자녀는 ADHD를 가지고 있지만, 다른 자녀는 그렇지 않은 경우가 많다.

## 주의력결핍 과잉행동장애에 대한 개입

### 학교적응을 돕기

ADHD를 가진 학생들은 학교적응이 어려운데, 하루의 절반 이상을 학교에서 보내는 학생들은 학교에서 무질서, 동기 및 학습 능력의 부족, 성적 하락, 의기소침, 무단결석 등과 같은 문제점을 보이며, 심각할 경우 정신적인 스트레스와 충동을 억제하지 못해 성폭력, 학교폭력, 왕따 등과 같은 사회적인 문제까지 일으키게 된다.

ADHD 증상을 가진 학생들은 학교에서 활동 전이 혹은 전환을 하는 시간에 비교적 많은 행동 문제를 보이는데, 특히 교사의 시야에서 벗어난 공간에서 행동 문제가 일어나기 쉽다. 학급에서 활동이 전환되는 시간은 학교생활에서 상당한 부분을 차지하며 휴식시간이나 급식시간 또는 화장실 가는 길이나 학교 집합 시간, 기타 시간에 자기조절이나 행동 억제에 어려움을 보인다. 이처럼 활동이 전환될 때 어려움을 보이는 ADHD 청소년들은 상급 학교로 진학하는 과정에서 행동적인 문제를 보이기 쉽기 때문에 이들에게는 새로운 환경에 대한 설명과 자신의 행동이 가져오는 필연적 결과에 대한 설명이 예방적으로 제공될 필요가 있다.

학교적응을 돕기 위해서는 자기통제 훈련을 제공할 필요가 있다. 자기통제능력이라는 것은 더 좋은 결과나 만족을 얻기 위해서 일시적인 충동이나 만족을 억제하고 인내하며, 스스로 선택한 결과를 얻기 위해 신중하게 생각하고 행동하여 자신의 인지와 정서 및 행동을 스스로 관리하고 조절할 수 있는 능력이다.

자기통제 훈련으로는 자기관찰과 자기지시 기법 그리고 외현화 모델링, 내현적 자기 지도 등이 있다. 자기관찰 기법은 자신의 행동을 검토하고 목표를 위한 기준을 정하며, 이를 시행하는 것이다. 자기 평가 단계에서는 자신의 행동과 설정한 기준을 비교하고, 자기 강화단계는 스스로에게 피드백을 해서 기록하게 하는 것이다.

자기지시 훈련은 '소리 내어 생각하기'라고 부르기도 하는데, 행동하기에 앞서서 생각하는 것이다. 행동하기에 앞서 생각하는 전략을 가르치고, 좌절에 대한 인내력을 발달시키기 위해 자기 자신에게 지시하는 방법이다.

외현적 모델링은 상담자가 소리를 내어 혼잣말을 하며 과제를 수행하고, 내담자가 관찰하도록 도와준다. 외현적 지도는 내담자가 상담자의 말을 따라서 큰 소리로 말하는 동시에 상담자가 수행하는 것과 같은 과제를 그대로 같이 해보는 것이다.

내현적 자기 지도는 내담자가 상담자의 시범 없이 혼자서 큰 소리로 말하면서 과제를 수행한다. 그리고 마지막 단계는 내담자가 더 이상 소리 내지 않고, 내적인 언어를 통해서 자기 지도를 하면서 과제를 수행한다.

자기지시 훈련을 할 때 사용할 수 있는 질문은 다음과 같다. '해결

해야 하는 문제가 뭐지?', '나는 그것을 어떻게 해야 할까?', '나의 계획을 잘 활용하고 있나?', '내가 어떻게 했지?'라고 해서 본인이 했던 것을 평가한다.

## ▌학업수행의 어려움과 개인화된 학습전략의 필요

ADHD를 겪는 학생들은 대부분이 학습의 어려움을 경험한다. 이 학생들은 일반적인 학생들과 같은 교수 및 학습방법으로 학습지도를 받으면 읽기, 쓰기, 이해하기, 과제 수행능력 등에서 학습 효과가 높지 않다.

초등학교 때부터 지속된 학업수행의 어려움은 중·고등학교를 진학하면서 학업에 대한 심리적 부담감으로 인해, ADHD 증상을 악화시킨다. ADHD를 가지고 있는 학생은 만성적인 학습 부진을 경험하고 성인기에는 직업 활동이나 사회적인 어려움을 경험하게 될 가능성이 높다.

따라서 내담자 개인에게 가장 적절한 학습전략을 찾고 학습역량을 갖출 수 있도록 도와야 한다. 효율적인 학습전략을 찾는 과정에서 교사 역할을 담당하는 주변인들의 좌절을 예상하고, 주변인들이 교사역할을 유지할 수 있도록 상담자가 도울 필요가 있다.

## ▌교우관계의 어려움과 사회성 향상 개입

ADHD를 가진 학생은 또래와 상호작용이 어렵다. 또래관계가 어려운 이유는 자신의 욕구를 만족시키기 위한 일방적인 태도를 보이고 비협조적인 행동을 하기 때문이다. 또 친구가 생기더라도 상대방에게 적절하게 표현하는 방법이 서툴러서 어려움을 겪는다.

ADHD를 가진 학생은 사회성 기술 향상 증진 프로그램에 참여하는 것이 좋다. 개인상담의 경우에도 사회성 기술 향상 집단상담의 활동을 개인상담 시간에 적용하여 활용할 수 있다.

사회기술은 사회적으로 수용되는 학습된 행동으로서 한 개인이 다른 사람과 상호작용을 원만하게 이루어 나가는 능력이고, 자신의 감정과 욕구를 상대방에게 정확하게 전달하여 대인관계에 도움을 주는 기술이다. ADHD를 가진 학생은 자기 모습이 사회적으로 어떻게 인식되는지를 잘 알지 못한다. 내담자로 하여금 자신의 사회적 행동이 다른 사람에게 어떤 영향을 미치는지, 어떤 일을 충동적으로 혹은 비협조적으로 수행할 때 다른 사람은 무엇을 느끼는지 인식할 수 있도록 돕는다. 자신의 행동이 가지는 영향력을 스스로 깨닫고 인식하게 되어 다른 사람에 대한 예민성을 증가시켜 사회적 인식능력을 향상시킨다.

## ▮ 권위자와의 갈등 속 자기보호 전략 습득

ADHD를 가진 학생들은 자신의 특성에 대한 제재를 당하기 때문에, 사회적 요구에 크게 저항하는 경향이 있고, 반항이나 권위적인 사람의 명령에 불복종하고, 해도 되는 일과 하지 말아야 할 일, 혹은 해야 할 일과 해서는 안 되는 일을 정해 주는 것에 대해서 거부감을 나타내며, 따지기를 좋아하거나 언어적 반항을 하기도 한다.

청소년기의 학생들이 사춘기에 부모나 교사에게 보이는 반항심은 학생의 학교생활 및 가정에서 여러 가지 문제를 일으키기도 하지만, 이것은 정상적인 발달 행동에 속한다. 하지만 ADHD 학생들은 반항적인 행동을 과도하게 보임으로써 정상적 발달 행동이 아닌 반항성 장애로 진단될 가능성이 높다. 반항성 장애는 나이에 적합하지 않은 거부와 적대감 등의 행동 양상이 최소한 6개월 이상 지속되는 파괴적 행동장애(DBD: Disruptive Behavior Disorders)이다.

따라서 예방적인 차원에서 ADHD를 가진 내담자가 권위자와의 관계에서 자신을 보호할 수 있도록 도울 필요가 있다. 사회가 규범을 정한 이유를 설명하고, 또한 권위자가 기대하는 행동을 설명할 필요가 있다. 또한, 감정에 근거하기보다는 사회적 규범에 적절한 태도가 타인의 호의적인 행동을 촉진함을 인식하도록 도울 필요가 있다.

### ▎약물치료

내담자가 DSM-5-TR의 ADHD 요건이 충족되는 경우에는 정신과 약물치료와 병행하는 것을 고려할 필요가 있다. 중추신경계 각성제 메틸페니데이트, 덱스트로암페타민, 혼합된 암페타민을 주로 복용한다. 메틸페니데이트는 읽기 향상, 주의집중 등 전반적인 학교 행동에서의 향상을 돕기 때문에 일반적으로 많이 사용되는 자극제이다. 자극제 투여를 통해 ADHD 증상의 학생들은 교실에서의 행동과 과제 수행능력에서 학교생활을 하는 데 있어 전반적으로 긍정적인 영향을 주며, 부모와 교사 또는 또래 친구들과도 소통하는 능력이 향상되고 원만한 관계를 유지시키는 데 도움을 준다.

약물치료에 대해서 상담자마다의 입장이 다른데, 부작용이 있는지 관찰하면서 약물치료와 병행하는 것을 고려할 필요가 있다. 약물치료를 하지 않다가 공격성 등이 통제가 안 되면서 많은 사회적 문제를 일으킬 수 있다. 공격행동을 하고, 부정적인 결과를 경험하는 것들이 반복되는 것은 학생에게 좋지 않기 때문에 약물치료를 권한다. 약물은 섭취하다가 복용량을 조절할 수도 있고, 약의 종류를 바꾸기도 한다.

## 📖 참고문헌

이수민, 최재원, 김경민, 김준원, 김수연, 강태웅, 한덕현(2016). 주의력결핍 과잉행동장애 진단 및 치료: ADHD 개입연구센터 가이드라인. ≪소아청소년정신의학≫, 27권 4호, 236~266.

American Psychiatric Association. (2022). Diagnostic and Statistical Manual of Mental Disorders—Treatment (DSM—5—TR). Washington, D.C.: American Psychiatric Association Publication.

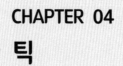

# CHAPTER 04

# 틱

틱의 원인은 여러 가지가 있지만, 불안과 긴장을 해소하고자 하는 몸의 반응으로 여겨진다. 상담자와 보호자가 틱증상을 수용하면 내담자의 불안과 긴장은 낮아진다. 틱증상이 있어도 내담자가 자신의 발달과제에 몰입할 수 있다면, 내담자는 충분히 성장할 수 있다.

# 틱 사례개념화

## 사례 정보

내담자 기본 정보: 초1(7세), 남

상담의뢰: 담임교사가 학생이 눈을 자주 깜박이는데, 틱장애를 의심하여 4월에 상담을 신청하였다.

호소문제: 어머니는 내담자가 눈을 깜빡이거나, 기침, 코 찡긋 등의 증상이 유치원 시절에도 잠깐 나타났지만, 1~2달 후에는 사라졌다고 보고하였다.

이전 상담경험: 없음

가족 정보

* 아버지: 40대 중반, 회사원, 아이와 잘 놀아주지만, 예의 바른 태도를 가르치려 한다.

* 어머니: 40대 중반, 주부, 직장생활을 하다가, 내담자가 초등학교 입학 시점에 퇴사하였다. 자녀의 교육을 중요하게 여기고, 내담자에게 보다 좋은 초등학교 경험을 제공하기 위해 이사하였다.

인상 및 행동특성: 또래와 비슷한 키와 체격, 위생 상태는 양호

심리검사: 동적가족화(Kinetic Family Drawing)에 부모와 내담자는 나란히 웃으며 바닷가에서 과자를 함께 먹고 있는 그림을 그려, 내담자는 가족과의 관계에서 안정감을 느끼며 부모에 대한 애정, 긍정적인 인식을 적절히 가지고 있는 것으로 보인다.

내담자의 강점: 내담자는 상담실에서의 활동에 적극적으로 참여하고, 부모 역시 상담에 대한 긍정적인 태도를 가지고 있다.

## 사례개념화

**호소문제:** 내담자가 학교에서 불수의적으로 눈을 깜빡이는 행동을 4주 이상 지속하고 있다.

**촉발요인:** 내담자는 올 3월부터 초등학교 입학, 새로운 지역으로의 이사, 직장을 다니던 어머니의 전업주부로의 전환 등 환경의 변화와 그 변화로 인한 불안을 경험하고 있는 것으로 여겨진다.

**유지요인:** 내담자는 어머니가 직장을 다니는 동안 돌봐주시는 분이 여러 번 바뀌어 불안이 내재화되었을 수 있고, 유치원 입학 후에도 눈 깜빡임 틱증상을 나타냈지만 이에 대한 개입을 제공받지 못하였다.

**내담자의 강점:** 내담자는 상담실에서의 활동에 적극적으로 참여하고, 부모 역시 상담에 대한 긍정적인 태도를 가지고 있다.


## 상담목표

**상담목표 1:** 틱증상을 수용한다.
**상담목표 2:** 정서를 안정화한다.


## 상담목표 1에 대한 전략

**상담전략 1:** 내담자에게 틱에 대해서 설명한다. (틱은 본인의 의지로 통제할 수 없으며, 정서가 안정화되면 사라진다. 틱의 원인과 틱 때문에 발달과제를 하지 못하는 것이 아님을 설명한다.)

**상담전략 2:** 학부모에게 틱을 설명하고, 자녀의 틱을 수용할 수 있도록 돕는다. (틱에 대한 교육을 제공한다. 양육이 틱 발생의 유일한 원인이 아님을 설명한다.)

## 상담목표 2에 대한 전략

상담전략 1: 이완 훈련을 한다. (짧은 명상하기, 크게 호흡하기, 불안한 상황에서 고요
　한 바닷가와 같은 이완되는 풍경을 연상하기 등, 불안한 상황들이 다수 보고된다면
　체계적둔감화를 실시)

상담전략 2: 올해 3월에 경험한 변화에 대한 내담자의 감정을 명료화하고, 변화에 대
　한 불안을 정상경험으로 수용한다. ① 유치원과 초등학교의 분위기가 다름과 내담자
　의 경험 수용, ② 새로운 지역으로 이사 경험, ③ 엄마가 출근하지 않아서 좋은 점
　과 불편해진 점 확인하기 등

## 틱장애에 대한 이해

틱은 특별한 이유 없이 얼굴 근육이나 신체의 일부가 자기 의지와 관계없이 갑자기 움직이거나 이상한 소리를 내는 것을 말한다. 틱은 갑작스럽게 생기고, 동일한 증상이 반복되어 발생한다. 일반적으로 5~6세에 시작되어, 증상이 심해졌다 좋아졌다를 반복하며, 완전히 사라졌다가 다시 나타나기도 한다.

증상은 일반적으로 눈 깜빡임에서 시작한다. 조금 더 진행되면 얼굴 찡그리기, 입 벌리기, 턱 당기기, 목 빼기, 어깨 돌리기, 배 튕기기 등 점차 얼굴에서 몸으로 내려온다. 얼굴에서 어깨, 배, 사지로 내려올수록 증상이 악화되는 것이고, 몸 증상이 사라지고 얼굴에만 나타난다면 호전되는 것이다.

이상한 소리를 내는 경우, 처음에는 헛기침이나 흠흠, 킁킁거림으로 시작한다. 더 진행되면 '아' 소리를 내거나 '악악' 크게 소리를 지르기도 한다. 단어에 특정한 엑센트를 주거나 동물 울음소리 같은 이상한 소리를 내기도 하며, 같은 말을 반복하거나, 남의 말을 따라 하기도 한다.

유병률은 학령전기 3~15%이며, 만성틱으로 가는 경우는 1.5~3%로, 70% 정도의 틱은 일과성 틱으로 나타났다가 사라진다. 10살 이상의 학생이나 성인은 틱의 전조를 느끼는데, 틱이 일어나는 부위나 그 주위에 답답한 느낌이나 간지러움, 쑤심, 뻐근함을 느낀다. 증상이 가장 심한 시기는 만 10~15세 무렵이고, 이상한 자세나 외설행동, 욕설틱이나 반향언어 같은 복합틱 형태가 나타나기도 한다. 성인기에는 청소년기 때보다 증상이 더 심해지지는 않는다.

## ▌틱장애 진단

DSM-5-TR(APA, 2022)은 틱장애(tic disorder)를 일과성(provisional), 만성적(persistent) 틱장애, 뚜렛증후군(Tourette Syndrom)으로 나누어 진단한다. 1년을 기준으로 1년 이상 지속되면 만성적으로, 1년 미만이면 일과성이라고 한다. 2가지 이상의 운동틱과 음성틱이 동시에 1년 이상 나타날 때 뚜렛증후군으로 진단된다. 진단 기준은 1년이지만, 실제로는 4주 이상 틱증상이 지속되면 만성적으로 틱을 경험할 가능성이 높다. 뚜렛증후군은 성인까지 이어질 확률이 높고, 증상 호전도 더딘 편이다(김대현, 2015).

일과성 틱장애는 ① 1개나 그 이상의 운동틱(눈을 깜빡이거나 어깨를 들썩이는 것과 같은)이나 음성틱(콧노래 소리를 내거나, 목청을 가다듬거나, 단어나 구문을 소리치는 것과 같은)이 ② 지속적으로는 12개월 미만 동안 일어나고, ③ 18세 이전에 시작되어야 하고, ④ 이 증상들이 다른 의료적 원인이나, 약물의 영향이 아니어야 한다(APA, 2022).

만성적 틱장애는 ① 1개나 그 이상의 운동틱이나 음성틱이, 그러나 운동틱과 음성틱이 동시에 나타나지는 않아야 하고, ② 증상이 하루에도 여러 번, 거의 매일, 1년 이상 나타나고, ③ 18세 이전에 시작되어야 하고, ④ 의료적 원인이나, 약물, 그리고 다른 병에 의한 것이 아니어야 한다.

뚜렛증후군은 ① 2개나 그 이상의 운동틱이나 적어도 1개 이상의 음성틱이 모두 나타나야 하지만, 틱증상들이 모두 동시에 나타나야 하는 것은 아니다. ② 증상이 하루에도 여러 번, 거의 매일, 1년 이상 나타나고, ③ 18세 이전에 시작되어야 하고, ④ 의료적 원인이나, 약물, 그리고 다른 병에 의한 것이 아니어야 한다.

## ▌틱장애의 원인

틱장애의 원인에 대한 명확한 이유는 아직 밝혀지지 않았지만, 다음과 같이 추론되고 있다(APA, 2022). 첫째, 신경발달상의 원인으로, 뇌가 성장하는 과정에서 도파민 기능과다와 세로토닌의 기능감소로 불균형이 생기면 틱이 일어난다. 도파민 과다 혹은 도파민의 수용체 활동의 저하는 ADHD와 강박증에서도 관찰되며, 틱장애와 두 장애의 동시 발생이 빈번하다.

둘째는 유전으로 보는데, 어떤 유전자를 통해서 유전이 된다는 것은 아직 밝혀지지 않았다. 단지 형제 중에 틱장애가 있으면 틱장애가 없는 형제를 가졌을 때보다 발병률이 높다. 일란성 쌍둥이인 경우 발생률이 더 높지만, 이는 상관관계가 높을 뿐이지, 부모님 중에 틱장애가 있었는데 자녀에게 틱장애가 유전되었다고 밝혀진 건 아니다. 다만 틱을 유발하는 유전자는 강박증과 연관된 것으로 추론되는데, 부모가 강박증을 가진 경우 자녀가 틱장애를 보이기도 하고, 틱을 가진 내담자가 강박증을 함께 보이기도 한다(김대현, 2015).

셋째, 환경적 요인으로는 과도한 학습 스트레스, 경직된 가정환경, 부모의 훈육 태도 및 부부간 불화의 심각성 등이 있다. 하지만 부모의 양육 태도는 긴장도를 높여 틱증상을 일으킬 수도 있고, 틱증상 후에 부모가 보이는 태도가 이미 나타난 틱증상을 유지하는 데도 영향을 끼칠 수 있다.

## 틱에 대한 개입

### ▍틱증상 수용하도록 돕기 : 자존감을 유지하도록

틱은 어느 날 갑자기 찾아오기 때문에 모두 당혹감을 느낀다. 내담자는 자기가 통제할 수 없는 증상 때문에 무기력감을 느낄 수도 있고, 부모는 자신의 잘못으로 틱이 나타났다고 생각하여 죄책감을 느낄 수도 있으며, 내담자와 부모 모두 수치심을 느낄 수도 있다.

그러나 틱은 내담자가 학업이나 사회성 등의 발달과제를 수행하는 역량과는 관련되지 않는다. 따라서 틱증상을 내담자와 부모 및 사회가 수용하면, 내담자는 자신의 역량만큼의 삶을 살아갈 수 있다.

학업 측면에서는 틱으로 인한 방해와 타인의 눈총으로 인해 움츠러드는 것에 대해 상담자는 개입해 주어야 한다. 운동틱의 경우 글쓰기 등의 활동에서 어려움을 줄 수 있다. 노트필기가 어려울 수도 있지만, 틱증상으로 인해 글씨가 예쁘지 않은 것을 내담자가 힘들어할 수도 있다. 이런 경우 방과 후에 친구의 필기를 천천히 보고 쓰거나, 교사에게 교안을 요청할 수도 있다. 이미 많은 교사들이 유인물로 수업을 진행하는 경우가 많기 때문에 크게 문제 되지 않을 수도 있다.

내담자의 틱증상이 수업 시간에 나타나면, 수업 시간에 교사나 또래들이 눈총을 보낼 수 있다. 발표와 같은 수행평가 시에 내담자의 틱증상이 심해질 수도 있다. 부모는 교사에게 틱증상과 자녀의 틱과 관련된 정보들을 제공하여, 교사가 자녀의 틱증상을 수용하고 배려하도록 요청할 필요가 있다. 교사가 틱증상에 특별한 반응을 보이지 않고, 수업 시간에 틱증상이 심해지면 잠깐이라도 상담실이나 보건실에서 휴식을 취할 수 있도록 배려해 주는 것이 바람직하다.

내담자도 또래에게 틱에 대해서 설명해야 할 필요가 있는데, 딸꾹질 비유를 사용할 수 있다(김대현, 2015). 틱증상은 딸꾹질처럼 갑자기 나타나고, 멈추려 해도 잘되지 않지만, 어느 정도의 시간이 지나면 멈춘다. 틱도 딸꾹질처럼 멈추려 해도 멈추기는 어렵지만, 또 영원히 지속되지는 않는다.

상담자와 부모, 그리고 교사가 내담자의 틱을 수용하면, 내담자는 자신의 틱증상을 수용하기 수월하다. 그리고 내담자가 자신의 틱증상을 수용하면, 또래들도 내담자의 틱증상을 수용할 수 있다. 그리고 스스로를 수용하면 틱증상을 가진 자신에 대한 자존감을 유지할 수 있다.

## ▌정서조절력 향상 : 정서안정화를 위해서

틱증상의 원인을 정확히 알기는 어렵지만, 과도한 학업, 교우관계나 가정 불화 등 스트레스는 틱증상을 늘리고 틱의 경과에도 부정적인 영향을 미친다. 또한 과도한 피로나 수면 부족은 틱증상을 활발하게 한다.

그런데 집중, 흥분, 긴장의 영향은 내담자에 따라 다른 양상으로 나타난다. 한 주제 및 활동에 몰두하는 경우 틱증상은 줄어들거나 사라지기도 하고, 오히려 심해지기도 한다. 흥분의 경우에는 놀이공원이나 스키장에 가는 것, 친한 친구들을 만나 재밌게 놀거나, 오래간만에 친척들을 만나 반가운 경우의 긍정적인 흥분, 그리고 친구들과 갈등이 생기거나 교사나 부모에게 꾸중을 듣는 부정적인 흥분 모두 틱증상을 심하게 만든다. 낯선 사람을 만나거나 낯선 장소를 방문하는 경우 틱이 심해질 수 있다. 또 학교에서는 적당한 긴장으로 틱증상을 보이지 않다가, 집에 오면 그 긴장이 사라지면서 틱증상을 보이는 경우도 있다.

따라서 궁극적으로는 내담자가 정서를 스스로 안정화시킬 수 있는 정서조절력을 향상시킬 필요가 있다. 틱증상의 전조증상을 스스로 자각한다면 정서안정화 전략을 실행할 수 있어야 한다. 전조증상을 자기 스스로 자각하지 못하는 경우라면 주변의 성인이 정서를 안정시키는 전략행동을 실시하도록 훈련하여야 한다.

정서적 안정을 위한 가장 쉽고도 빠르게 할 수 있는 활동은 복식호흡이다. 숨을 크게 들이쉬고 내쉬는 것만으로도 정서는 안정화된다. 그리고 복식호흡으로 바로 몰입하기 어렵다면 천천히 숫자를 함께 세어보는 것도 도움이 된다.

내담자가 정서적 안정감을 얻기 위해 지속해서 의도적으로 하면 좋은 활동은 걷기 명상과 신체이완작업이다. 걷기 명상은 10~20분 정도 천천히 걸으면서 발바닥이 땅에 닿는 느낌과 발동작에 의식을 집중하는 것이다. 신체이완작업은 특정 신체 부분에 힘을 꽉 준 다음 천천히 힘을 빼고, 다른 특정 부분에도 같은 작업을 하면서 온몸의 근육이 느슨해지는 것을 느끼도록 하는 것이다.

## ▎약물치료

상담과 약물치료를 병행하는 것을 고려할 필요가 있다. 약물치료를 하지 않다가 틱증상에 대한 타인의 시선을 두려워하거나 불편해하면, 사회적 철수가 일어날 수 있다. 또한 약물을 섭취하는 행동이 내담자와 내담자 부모에게 안정감을 제공하기도 한다.

중증 또는 조절하기 어려운 틱의 경우, 항정신병약 중 신경안정제가 효과적일 수 있다. 틱증상은 도파민 기능과다로 생기므로 이를 억제하는 도파민 길항제를 사용한다. 도파민 길항제는 도파민 수용체를 차단해 뇌에 도파민 전달을 조절해 준다. 리스페리돈(Risperidone), 할로페리돌(Haloperidol), 피모자이드(Pimozide), 설피리드(Sulpiride) 등이 사용된다(오은영 외, 2000).

초기에는 가장 적은 용량을 투여하고 조금씩 양을 늘린다. 적은 양으로 가장 약효가 잘 드는 복용량을 찾는다. 만약 부작용이 있거나 일정 용량 이상이어도 효과가 없다면 다른 약물로 대체할 수 있다.

부작용으로는 체중증가, 식욕증가, 피로감, 졸음, 입마름, 변비 등이 있다. 부작용이 나타나면 약물효과와 부작용의 정도를 비교하여 복용 여부를 결정한다. 이 부작용은 약 복용을 중지하면 곧 사라진다.

다만 안절부절, 근육 경직, 파킨슨병(파킨슨증)과 유사한 증상, 반복적이고 느리며 불수의 움직임인 비자발성 운동장애 등이 부작용으로 나타난다면, 바로 복용을 중지해야 한다. 비자발성 운동장애의 경우 약물을 중단한 후에도 사라지지 않을 수 있다(김대현, 2015).

📖 **참고문헌**

김대현(2015). 『틱이라도 괜찮아』. 팜파스.

오은영, 이명수, 이정은(2000). 만성 틱장애와 뚜렛증후군 아동과 청소년에 있어서의 리스페리돈 치료효과 및 안정성에 관한 연구: 임상개방연구. ≪생물치료정신의학≫, 6권, 2호, 172~177.

American Psychiatric Association. (2022). Diagnostic and Statistical Manual of Mental Disorders—Treatment (DSM—5—TR). Washington, D.C.: American Psychiatric Association Publication.

# CHAPTER 05
## 스마트폰 중독

중독이라는 주제를 접했을 때 일반적인 상담자의 접근은 중독 행동을 줄여나가는 것이다. 그러나 중독은 즐거움을 주기 때문에, 내담자 스스로 줄여나가기가 어렵다. 상담자는 중독에 대한 대안을 찾아야 한다. 그리고 중독을 통해 회피하고 있는 발달과제에 내담자가 다시 몰입할 수 있도록 도와야 한다.

# 스마트폰 중독 사례개념화

## 사례 정보

내담자 기본 정보: 11세(초4), 여

호소문제: 스마트폰을 쉬지 않고 한다. 학교에 다니기 싫고, 공부하기 싫다.

상담의뢰: 어머니는 자녀가 스마트폰 게임을 과도하게 한다고 판단하여 상담을 신청하였다.

이전 상담경험: 없음

가족 정보

  * 아버지: 일용직, 새벽에 출근하고 일찍 퇴근하며, 매일 술을 마신다.

  * 어머니: 마트에서 일하며, 짜증이 많다.

  * 동생: 초1, 여, 스마트폰에 관심을 많이 보인다.

인상 및 행동특성: 키가 크고, 약간 비만, 행동과 말이 느리고, 무기력해 보인다.

심리검사: 스마트폰 과의존 청소년척도(10문항, 스마트쉼센터 홈페이지에서)에서 고위험사용자군(조절실패, 현저성, 문제적 결과 소척도에서 모두 높은 점수)

내담자의 강점: 상담에서 자신의 이야기를 할 기회를 갖는 것을 긍정적으로 평가한다.

## 사례개념화

호소문제: 내담자는 방과 후 대부분의 시간을 스마트폰 게임을 하며 지내고 있고, 자신도 게임하는 시간을 줄여보고자 하지만 잘되지 않는다.

촉발요인: 방과 후 게임 외에 참여할 수 있는 다른 활동이 없는 것과, 부모님이 학업과 교우관계에 대한 적절한 도움을 제공하지 못하여, 게임 활동이 지속되고 있다.

유지요인: 초등학교 4학년인 내담자는 기초학습이 부족하여 학업에 흥미를 갖지 못하고 있으며, 친밀한 교우관계 유지에 어려움을 경험하고 있다. 학업과 교우관계에서의 어려움을 해결하기보다는 스마트폰 게임에서 즐거움을 추구하고 있다.

내담자의 강점: 상담에서 자신의 이야기가 수용되는 것을 좋아하며, 상담자의 제안을 수용한다.

## 상담목표

상담목표 1: 방과 후 다양한 활동에 참여함으로, 스마트폰 게임 외 즐거움 추구 행동을 할 수 있다.

상담목표 2: 기초학력과 교우관계 향상을 통해 학교적응도를 높인다.

## 상담목표 1에 대한 전략

상담전략 1: 스마트폰 게임을 통해 내담자가 얻은 즐거움과 역량 확인, 스마트폰 게임을 스트레스 관리 및 즐거움 추구 전략으로 사용한 자신을 수용

상담전략 2: 스마트폰 게임을 하고 싶은 상황 및 시작하기 전의 생각과 행동 확인(예1: 집에 혼자 있고 심심한 생각이 들면 바로 스마트폰 게임을 한다. 예2: 수업 시간에 집중하기 어려우면 스마트폰 게임을 하고 싶다.), 스마트폰 게임 과의존이 가져올 필연적 결과에 대한 조망

상담전략 3: 스마트폰 게임을 하고 싶은 상황 및 시작하기 전의 대안적 생각 형성 및 행동 계획 수립(예1: 집에 혼자 있고 심심한 생각이 든다. 오늘 해야 할 숙제가 있는지 확인하고 숙제를 먼저 한다. 혹은 놀이터에 나가 동생 혹은 친구들과 함께 시간을 보낸다.), 대안적 생각과 행동을 시도(예2: 수업 시간에 집중하기 어려울 때 스마트폰 게임을 하고 싶다. 스마트폰 게임을 하고 싶은 마음을 인식하고, 다시 수업 시간에 집중한다.)

## 상담목표 2에 대한 전략

상담전략 1: 기초학력을 높이기 위한 현재 학습역량 평가, 학습활동 계획, 학업역량 향
상을 위한 외부 자원 연계, 장기적 관점으로 학습 향상을 추구

상담전략 2: 교우관계 갈등에 대한 새로운 조망 조력, 교우관계 유지 행동 연습

## 스마트폰 중독에 대한 이해

### ┃ 스마트폰 중독

스마트폰 중독은 스마트폰을 과도하게 사용함으로써 의존적이고 강박적인 행동을 보이는 것으로 스마트폰이 없을 때, 불안, 초조 등의 강박적인 증상을 느끼고, 스마트폰 사용에 지나치게 몰입하여 일상생활에 문제가 발생함에도 사용을 조절하지 못하는 상태로 정의된다(한국정보화진흥원, 2012). 여전히 중독이라는 표현이 많이 쓰이지만, 국가의 스마트폰 대응 사업에서는 과의존이라는 용어를 사용한다(한국정보화진흥원, 2017). 스마트폰은 이미 우리 삶의 필수품이 되었고, 편리성, 접근성, 사용자 중심 서비스로 인해 지속적으로 성장할 것으로 여겨진다.

스마트폰 중독의 특징은 금단, 내성, 일상생활 장애, 가상적 대인관계 지향성이다. 금단은 스마트폰을 과다하게 사용하여, 스마트폰이 없으면 불안하고 초조함을 느끼게 되는 현상이다. 내성은 스마트폰을 점점 더 많은 시간 사용하게 되어 나중에는 많이 사용하여도 만족감을 느끼지 못하는 상태가 되는 현상이다. 일상생활 장애는 스마트폰을 과도하게 사용하기 때문에 가정, 학교, 직장 등에서 생활의 문제를 일으키는 상태를 뜻한다. 예를 들면 수업 시간 중 사용으로 인해 교사로부터 지적을 받거나, 부모와 스마트폰 사용 시간으로 갈등이 발생할 수 있다. 가상적 대인관계 지향성은 주변 사람들과 직접 현실에서 만나서 관계를 맺기보다는 스마트폰을 활용해서 관계를 맺는 것이 더 즐겁고 편한 상태이다. 친밀한 대인관계의 형성과 유지의 어려움으로 스마트폰을 많이 사용하게 되고, 스마트폰 과의존으로 가상적 대인관계 지향성이 형성되면 친밀한 대인관계 형성 및 유지의 어려움이 더 커진다.

## ▍스마트폰 중독의 유형

스마트폰 중독에는 게임, SNS, 검색, 음란물, 도박 중독 등이 있다. 게임 중독은 부정적인 결과가 초래되는데도 불구하고 게임 이용을 지속하여, 현실과 가상세계의 구분이 모호해져서 심리적, 사회적 기능상의 부적응을 초래하는 것이다.

SNS 중독은 SNS를 지나치게 사용하여 사람들을 직접 만나고 대화하는 것이 점점 부담스러워지고, 현실에서의 인간관계는 등한시하는 등의 증상을 불러일으킨다.

검색 중독은 특별한 목적 없이 여러 사이트를 돌아다니며 다양한 내용의 웹서핑을 하거나 한 가지 관심만으로도 과도하게 웹서핑을 하는 데 몰두하여, 심리적, 사회적 기능에 문제가 생기는 것이다.

음란물 중독은 스마트폰을 통해 음란물, 사진, 만화, 동영상, 소설을 보거나 음란 채팅이나 자신의 신체를 노출하는 동영상 채팅 등의 형태에 과도하게 몰두하여 성적인 욕구를 충족시키는 성도착적 행동이다.

도박 중독은 경제적 손실 초래는 물론 온라인에 상당한 시간을 소비하여 수면 부족 등으로 인한 피로감 때문에 업무 및 일상생활에 장애가 초래된다.

## ▌스마트폰 중독의 원인

스마트폰은 휴대되는 인터넷이라는 매체적 요인으로 인해 중독을 가져오기 쉽다(서장원, 2017). 인터넷은 언제나 사용가능하고 클릭만 하면 되기 때문에 충동이나 욕구가 행동으로 옮겨지기 쉽다. 또한, 인터넷의 게임, 도박, 쇼핑, 음란물 같은 정보와 내용은 기본적으로 그 자체가 쾌감과 재미를 주기 때문에 남용되기가 쉽다. 그리고 인터넷은 익명성이 보장되어, 현실 세계에서 표현할 수 없었던 자신의 모습을 드러낼 수 있게 되지만, 현실 세계로 돌아오면 허탈, 우울감을 느끼게 되어 다시 인터넷에 접속하게 된다. 특히나 현실 세계에서 대인관계에 자신이 없거나 불안감을 느끼는 사람은 안전하고, 예측가능하고, 실제 상호작용의 부담이 최소화된 사이버상의 관계에 더욱 탐닉하게 된다.

개인적인 성격 특성도 스마트폰 중독의 원인이 될 수 있는데, 자극추구 성향, 충동성, 부정성, 낮은 문제해결 능력 등이 대표적이다. 자극추구 성향이 높은 사람이 낮은 사람보다 더 높은 자극이나 새롭고 흥미로운 자극을 추구하기 때문에 자극적, 쾌락적 경험이 가능한 인터넷 세상에 더 빠져든다. 충동성이 높아 자기통제가 되지 않거나 억제 능력이 부족할 때 스마트폰 사용에 대한 강한 욕구를 이기지 못하고 중단하려는 시도에도 실패한다. 단기적으로는 부정적 정서나 스트레스에서 벗어나는 데 스마트폰이 도움이 되지만, 곧 스트레스 상황에 대한 취약성과 스마트폰 중독으로 인한 부정적 결과 경험과 타인의 부정적 평가로 인해 부정적인 정서를 더 많이 경험하게 된다. 자아존중감이 낮고 문제해결력이 낮으면 사이버 공간으로 도피하려는 경향성이 강해진다.

사회문화적 요인들도 스마트폰 중독을 발생 및 유지하는 데 기여한다. 부모가 중독 문제가 있을 때, 가족 간의 갈등이 심하고 의사소통에 문제가 있으며 관계가 단절되어 있을 때, 응집력이 부족할 때 중독에 빠지기 쉽다. 학교에서 학업, 교우관계, 교사와의 관계 등에 어려움을 느끼고, 상대적 박탈감과 소외감을 느낄 때 그리고 건전한 놀이문화가 부재할 때 스마트폰 중독에 취약하다.

생물학적으로는 도파민(dopamine)이 중독 행동과 관련된다. 도파민은 일반적으로 특정한 행동을 형성하여 사람으로 하여금 동기를 유발함으로써 즐거움과 재강화의 기분을 제공하는 뇌의 보상시스템과 관련된다. 도파민은 음식, 성관계, 약물, 자극 행동으로 보상을 받으면 분비된다. 스마트폰 사용으로 흥분을 경험하면 도파민이 발생한다. 한번 도파민이 발생하면, 다음에는 더 많은 도파민이 발생되어야 이전과 같은 수준의 흥분을 경험하게 되어, 중독의 정도가 심해진다(박상규 외, 2017).

## ▎스마트폰 과의존 진단: 현저성, 조절실패, 문제적 결과

스마트폰 과의존은 현저성, 조절실패, 문제적 결과로 진단한다(한국정보화진흥원, 2017). 현저성(salience)은 개인의 삶에서 스마트폰을 이용하는 생활 패턴이 다른 형태보다 두드러지고 가장 중요한 활동이 되는 것을 뜻한다. 스마트폰 과의존 문항에는 ① 스마트폰이 옆에 있으면 다른 일에 집중하기 어렵다. ② 스마트폰을 하고 싶은 생각이 머리에서 떠나지 않는다. ③ 스마트폰을 사용하고 싶은 충동을 강하게 느낀다가 있다(스마트쉼센터, 2023).

조절실패(self-control failure)는 사용자의 주관적 목표 대비 스마트폰 사용에 대한 자율적 조절 능력이 감소하는 것을 뜻한다. 조절실패 문항에는 ① 스마트폰 사용시간을 줄이려 할 때마다 실패한다. ② 스마트폰 사용시간을 조절하는 것이 어렵다. ③ 적절한 스마트폰 사용시간을 지키는 것이 어렵다가 있다.

문제적 결과(serious consequences)는 스마트폰 사용으로 인해 신체적, 심리적, 사회적으로 부정적인 결과를 경험함에도 불구하고 스마트폰을 지속적으로 사용하는 것이다. 문제적 결과에는 ① 스마트폰 사용 때문에 건강에 문제가 생긴 적이 있다, ② 스마트폰 사용 때문에 가족과 심하게 다툰 적이 있다, ③ 스마트폰 사용 때문에 친구 혹은 동료, 사회적 관계에서 심한 갈등을 경험한 적이 있다, ④ 스마트폰 때문에 학업 등의 수행에 어려움이 있다의 문항이 포함된다.

## ▎스마트폰 과의존의 결과

아동·청소년들은 부정적 자아개념을 가지게 되거나, 자아정체성의 혼란을 경험할 수 있다. 스마트폰을 통해 인터넷 세상에 몰입할 경우 현실의 부적절감이 더욱 강해지고, 스마트폰 과의존 때문에 주변인들로부터 부정적인 피드백을 받으면서 부정적인 자아개념을 가지게 된다. 자아정체감은 다양한 활동에 참여해서 자신이 무엇을 좋아하고 잘하는지를 알게 되는 것이기 때문에, 자아정체감 형성에 오히려 방해가 될 수 있다. 더 나아가 인터넷 게임을 과도하게 하는 것에 따라 충동적이고 공격적인 행동이 증가하게 되어 더 심각한 비행으로 발전할 가능성이 높다. 심한 경우 우울이나 불안, 심지어 자살을 시도하는 경우도 있다(한국정보화진흥원, 2012).

스마트폰 과의존 아동·청소년은 학업 성취도가 낮다. 스마트폰이 제공하는 경험은 쾌락을 제공하는 반면, 학업은 흥미롭지 않은 활동일 수 있다. 또한 일정량과 수준 이상의 학업이 선행되어야만 현재의 학업을 잘 수행할 수 있는데, 스마트폰에 시간을 보내는 만큼 학습 시간은 줄어들게 되어 학업 성취도는 낮아진다(김미숙, 2020).

스마트폰 과의존 학생은 교사와 갈등을 경험하게 된다. 수업 시간 등에도 스마트폰을 사용하려 하거나, 지난밤에 스마트폰을 사용하여 수업 시간에 잠이 드는 경우가 많기 때문에, 교사와 갈등을 경험한다. 학습태도가 좋지 않고, 거기에 학업 성적도 좋지 않다면, 교사는 이 학생을 높게 평가하기 어렵다. 그리고 교사의 부정적인 시각은 다른 행동에 대한 평가에도 영향을 미친다.

스마트폰 세계에서는 활발한 대인관계를 맺고 있어도, 현실에서는 대인관계에서 철수된 내담자는 학교에서 교우관계 역시 잘 맺지 못할 가능성이 높다(김대진, 2021). 학교생활에 이미 흥미를 잃은 아동·청소년은 또래에게 학급 활동을 함께 할 수 있는 좋은 동료가 되기는 어렵다.

가족 갈등은 스마트폰의 원인이 됨과 동시에 필연적 결과가 된다. 스마트폰 과의존 아동·청소년은 밤낮이 바뀐 생체 리듬을 가지게 된다. 밤새워 게임을 하고 늦게 잠들기 때문에, 아침에 늦게 일어난다. 지각을 하지 않기를 바라는 부모님과의 갈등은 기상 시간에서부터 시작된다. 스마트폰을 사용하는 시간이 길수록 학업에 투자할 수 있는 시간은 줄어든다. 성적이 하락하는 것뿐만 아니라, 스마트폰 사용 여부에 대한 약속을 어기게 되어, 부모는 자녀에 대해 실망하고 신뢰를 잃어간다. 부모가 자신을 신뢰하지 않는다고 느끼게 되면, 자녀는 자신의 행동을 돌아보기보다는 반발하여 갈등은 고조된다(리딩스턴, 블럼-로스, 2023).

## 스마트폰 중독에 대한 개입

### ▌대안적 즐거움 찾기

중독 행동을 하는 내담자를 만나면, 상담자들은 내담자와 신뢰할 수 있는 상담관계를 형성하고, 중독 행동을 줄여나가는 것을 목표로 삼는 경우가 많다. 상담자에 대한 긍정적인 감정을 가지고, 상담자로부터 인정을 받고 싶은 내담자들은 한두 회기 정도는 중독 행동의 시간이나 강도를 줄이려고 노력한다. 그러나 그 노력은 실패하는 경우가 많고, 내담자는 상담을 중단하거나, 상담은 받지만 중독 행동도 유지한다. 내담자가 의지만을 가지고 중독 행동을 조절하는 데 성공할 수 있다면, 내담자는 상담에 의뢰되지 않는다.

중독은 즐거움을 제공하기 때문에 벗어나기가 어렵다. 따라서 중독 행동을 대체할 수 있는 즐거움을 제공하는 대안 행동을 찾아야 한다. 스마트폰에 과의존되기 이전에 어떤 활동을 좋아했는지, 어떤 활동에 참여했는지를 확인하고 시작할 수 있도록 구조화해줄 필요가 있다. 만약 스마트폰 과의존 이전에 특별히 좋아했거나 참여했던 활동이 없다고 한다면, 또래가 하는 활동 중 좋아 보이거나 부러웠던 활동을 확인할 수 있다. 그리고 이전에 즐거움 추구 행동을 경험한 적이 없다면 이번 상담을 통해서 새로운 경험을 시도할 수 있다.

## ▌회피한 발달 과제에 재몰입

상담자들은 중독 행동을 내담자 발달과제 회피의 관점에서 개념화할 필요가 있다. 어떤 중독이든지 공통적으로 도피를 제공한다. 현실에서 다루어야 하는 문제가 있는데, 그 문제로부터 도피하기 위해서 물질 혹은 특정 행동을 사용한다.

따라서, 앞에서 언급된 스마트폰 과의존의 결과가 긍정적인 방향으로 변화될 수 있도록 상담자가 내담자의 발달과제에 초점을 맞출 필요가 있다. 학업 성취도가 낮다면 학업에 흥미를 가질 수 있도록, 그리고 교사 및 부모와 갈등을 경험하고 있다면 갈등이 해소될 수 있도록 도울 필요가 있다. 또한, 내담자가 부정적 자아개념을 가지고 있다면 긍정적인 자아개념을 가질 수 있도록 내담자의 경험을 성공 경험으로 읽어줄 필요가 있다.

## 📖 참고문헌

김대진(2021). 『청소년 스마트폰 디톡스』. 생각속의집.

김미숙(2020). 『십대들의 중독』. 이비락.

박상규, 강성군, 김교헌, 서경현, 신성만, 이형초, 전영민(2017). 『중독의 이해와 상담』. 학지사.

서장원(2017). 『인터넷 중독』. 학지사.

스마트쉼센터(2023). 스마트 과의존 청소년 척도.
https://www.iapc.or.kr/kor/PBYS/diaSurvey.do?idx=8

한국정보화진흥원(2012). 『인터넷 중독 회복자 사후관리 지원체계 및 프로그램 개발 연구』. 한국정보화진흥원.

한국정보화진흥원(2017). 『인터넷 중독의 대체용어로서 인터넷 과의존의 개념 연구』. 한국정보화진흥원.

# CHAPTER 06
# 학습

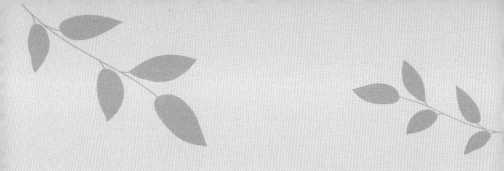

내담자의 학업 스트레스가 높다면 학습상담이 진행되어야 한다. 학업 스트레스를 언급했지만, 상담에서 학업이라는 주제가 직접적으로 다루어지지 않으면 내담자는 상담을 받아도 문제가 해결되지 않는다고 느끼며 상담을 종결하거나, 학업이 아닌 다른 부정적인 측면을 탐색하며 부정적 정서를 경험하게 된다.

# 학습 사례개념화

## 사례 정보

내담자 기본 정보: 18세(고3), 남

호소문제: 공부를 해야 한다는 것을 알지만 우울한 생각이 들고 공부가 잘되지 않아요.

상담의뢰: 우울과 불안이 심하여 정신의학과 약을 복용 중이며, 최근 불안으로 몸을 떠는 증상이 심해져 담임교사가 상담을 의뢰함 (4월 첫째 주)

이전 상담경험: 올해 2월 우울이 심해 정신과를 내방하여 약을 처방받고 복용하지만, 우울이 나아지지 않아 최근 약 복용량이 2배로 늘어난 상황

가족 정보

  * 아버지: 48세, 회사원, 내담자와 관계가 좋은 편이지만, 현재 내담자의 우울을 잘 이해하지는 못한다.

  * 어머니: 48세, 회사원, 내담자의 성적에 대한 기대가 높았지만, 올 초 기대를 내려 놓았다.

  * 동생: 13세(중1), 여, 특수 중학교 입학하여 기숙사 생활을 하고, 내담자와 교류가 거의 없다.

인상 및 행동특성: 키가 크고, 건장한 체격, 웃는 얼굴이지만 긴장이 보임, 말투가 약간 문어적이다. (--다, --가? 등의 어투 사용)

심리검사:

시험불안 척도(Spielberger et al., 1980): 소척도 1 걱정에서 높은 점수를, 그리고 소척도 2인 불안(정서)에서도 높은 점수를 보고

비합리적 신념 검사(Jones, 1969): 모든 척도에서 높은 점수를 보고, 특히 소척도 1 인정에 대한 욕구, 소척도 2 개인적 완벽성, 소척도 10 완벽한 해결에서 높은 점수를 보고

내담자의 강점: 교우관계가 좋고, 운동을 잘함, 경제적으로 안정적인 가정환경과 어머니가 상담에 참여하고 적극적으로 내담자를 돕고자 한다.

## 사례개념화

호소문제: 내담자는 원하는 대학에 진학하기에 충분한 성적을 얻지 못해 느끼는 좌절감을 우울과 불안으로 표현하고 있다.

촉발요인: 고2까지의 내신 성적 수시전형으로는 고등학교 입학 시 목표로 하였던 대학을 진학하기에는 충분하지 않음을 인식하게 되었으며, 고3 3월 모의고사 성적으로 보아 정시전형으로도 목표 대학에 진학하는 것이 충분치 않음을 인식하게 되었다. 현재 자신의 성적으로 갈 수 있는 대학에 가는 것을 실패로, 성적을 올리지 못하는 자신을 실패자로 생각한다.

유지요인: 내담자는 시험불안이 높아 학습에서도 효율성이 낮으며, 시험에서 자신의 역량을 발휘하지 못하고 있다. 또한, 효과적이지 않은 학습전략을 변화 없이 그대로 사용하고 있다.

내담자의 강점: 성적 외에서는 학교에 적응적이며, 지지원으로는 부모와 교사가 있다.

## 상담목표

상담목표 1: 학습활동에 다시 몰입하여 원하는 성적을 얻기 위해 노력한다.

상담목표 2: 보다 실용적이고 적응적인 신념(진로와 삶의 철학)을 형성한다.

## 상담목표 1에 대한 전략

상담전략 1: 중간고사(4월 말) 시험불안에 대처하는 전략에 대한 학습(이완 훈련, 중간고사 시험 준비 계획 수립, 휴식 시간 포함, 보상 계획)

상담전략 2: 현재 사용하고 있는 학습전략 평가(학습 시간, 시험 준비 전략, 휴식 계획, 학원이나 과외 등의 조력 전략의 효과성 확인)

상담전략 3: 진학 대학과 학과에 대한 준비(대학 수준 혹은 전공학과 초점의 정보 확인, 다양한 입시 전형에 대한 확인, 가고 싶은 대학 방문으로 동기화 등)


## 상담목표 2에 대한 전략

상담전략 1: 비합리적 신념 검사에서 높은 점수를 보고한 소척도 중 특별히 학습활동 및 진학과 관련된 비합리적 신념을 확인하기

상담전략 2: 확인된 비합리적 신념을 합리적이고 실용적인 신념으로 대체하기, 내담자가 믿고 있는 비합리적인 신념의 반응 자료 제공하기, 합리적 신념은 진학을 넘어서서 진로와 관련된 바른 직업관의 내용이 되도록 조력하기

# 문제해결력 관점에서 학습상담 이해하기

학습상담의 목표는 학업 성취도를 향상시키는 것이다. 학업 성취도 향상을 위해서는 학습자 변인과 학습자 환경 변인에 개입을 하게 되고, 궁극적으로 변화를 시도하면서 유능한 학습자가 되도록 돕는다(김동일·신을진·이명경·김형수, 2011). 학습은 개인이 무엇인가 배우고 익히는 과정이다. 학습은 평생에 걸쳐서 일어나며, 10대에 배워야 될 것 외에도 20대, 30대, 학교를 졸업한 이후에도 계속적으로 학습활동에 참여하는 경우가 많다. 학습상담은 개인의 문제를 다루지만 환경 변인에서는 사회 전체의 주제까지 확장해서 보는 것도 필요하다.

더 나아가 학습상담의 목표는 학습이라는 과제를 완수하는 연습을 통해 내담자의 문제해결력을 향상시키는 것이다. 학습은 이해해야 하는 특정한 내용을, 주어진 시간 안에, 자신에게 적합한 전략을 적용하는 일련의 과정이다. 시험에서 좋은 성적을 얻기 위해서는 시험범위라는 학습 내용과 양을, 시험까지 주어진 시간 안에, 자신에게 잘 적용되는 그리고 과목별로 효율적인 학습법을 적용해야 한다. 따라서 시험성적이라는 것은 단순한 학습성과에 그치지 않고, 한 개인의 문제해결력의 성과라고 볼 수 있다. 따라서 '성적이 인생의 전부'는 아니지만, 성적 향상을 위한 노력은 향후 삶을 살아가는 문제해결력을 쌓아가는 데 필요한 노력으로 재명명될 필요가 있다. 그리고 이렇게 삶을 살아가는 데 필요한 문제해결력을 향상하는 과정으로 재명명한다면, 오히려 '시험'이라는 압박감에서 벗어날 수 있다.

## 학습상담에서의 개입

내담자가 학습상담을 받고 싶다고 호소하며 Wee 클래스를 방문하는 경우는 극히 드물다. 다만 우울, 불안, 교우관계의 어려움, 부모와의 갈등으로 표현되는 호소문제는 학습상담이 필요한 경우일 수 있다. 따라서 내담자의 호소문제를 증상이해에 그치지 않고 학습이라는 주제가 대학이 중요한 한국문화에서 다양한 형태로 표현될 수 있음을 이해하고 있어야 한다.

### ▌인지적 개입

인지적 문제는 크게 지적 능력 부족의 문제와 학습전략의 문제로 볼 수 있다. 상담자들은 지적 능력 부족의 문제를 간과하는 경우가 많다. 경계선 지능은 IQ 평균을 100이라 할 때 70~86 수준의 지능을 뜻한다(박찬선, 2020). 지능이 낮지 않더라도 공부를 하다 보면 능력의 차이를 직면할 때가 있다. 내담자가 능력 부족으로 밝혀지면 상담자는 내담자가 자신의 상태를 수용하고, 반복 학습의 필요성을 이해할 수 있도록 도와주어야 한다. 그런데 지적 능력이 부족하다고 해서 삶을 사는 데 걸림돌이 될 수 있지만 행복을 추구하는 데 꼭 방해가 되는지 생각해 보아야 한다.

학습전략의 문제 안에서도 여러 가지 부분이 있는데 학습계획 수립이 어려운 경우, 학습계획을 수립은 하지만 부적절한 경우, 적절한 학습방법을 알지 못하는 경우, 부적절한 학습방법을 선택하고 유지하는 경우 등이 있다.

사례개념화의 예시에 소개된 학생은 고등학교 3학년이며, 4월 초에 상담을 신청하였다. 중간고사는 4월 말에 있으며, 보통 고등학생은 시험 3~4주 전에 본격적으로 중간고사를 준비한다. 따라서 학교상담자는 내담자의 중간고사 준비 계획을 확인할 필요가 있다.

학습계획 수립 시 가장 먼저 확인해야 하는 내용은 학습해야 하는 양이다. 각 과목별로 범위를 보다 구체적으로 기술해야 한다. 범위를 단원별로 구분해 보면, 자신이 학습 시간을 투자해야 하는 영역이 명료해진다.

필요한 학습량에 대한 이해 후에는 시간 계획을 수립하여야 한다. 시간 계획은 너무 촘촘해도, 너무 느슨해도 효과적이지 않다. 날마다 균등한 공부량을 배정할 수도, 사교육 시간을 고려하여 요일별로 공부량이 다를 수도 있다. 특히 계획대로 진행되지 않을 때, 즉 학습이 밀렸을 때 보충하거나 휴식을 취할 수 있는 시간을 확보할 필요가 있다. 또한 중간점검에서 계획대로 잘 진행되었을 때 자신에게 주는 보상도 있어야 한다.

## ▍행동적 개입

행동적 문제의 학습태도의 어려움은 '학습 습관이 형성되지 않아서'와 '주위 환경의 방해 요소를 중지하지 않는 것'이 해당된다. 공부습관 형성에는 시간이 걸린다. 갑자기 급하게 공부습관을 형성할 수 있는 것은 아니다. 꾸준하게 일정량의 학습을 하는 것이 좋다.

'주의집중'이 어렵다는 말은 '주의집중을 방해하는 요소를 중지시키지 못했다'로 해석할 수 있다. 집중력은 주변에 무슨 일이 일어나는지 알아차리면서도 주어진 과제에 의식적으로 주의를 기울이는 능력이다. 실제로 주의를 집중할 수 있는 시간은 그리 길지 않다. 주의를 집중하기 위해서는 목표 행동에 주의를 재집중시키는 것이 필요하다.

주의집중을 방해하는 요인은 신체적 요인, 정서적 요인, 환경적 요인 등으로 나누어 볼 수 있다. 피로할 때, 배가 고프거나 부를 때, 두통 등의 신체적 고통이 있을 때 주의집중을 하기는 어렵다. 정서적 요인으로는 우울, 불안, 열등감 등이, 환경적 요인으로는 공부 장소의 미확보, 소음, 학습보다 흥미로운 자극의 미차단 등이 있다.

학습전략 실행의 문제에는 학습을 수행하지 않는 것과 부적절한 학습전략을 지속하는 경우가 있다. 학습행동을 수행하지 않는 이유는 학습태도 미형성과 관련이 있을 수 있다. 부적절한 학습전략을 지속하는 이유는 관성이 작용하기 때문에 그리고 대안 전략이 없기 때문일 수 있다.

소개한 사례에서도 내담자는 학업 성적이 원하는 것만큼 나오지 않아서 즉 성적이 오르지 않거나 하락하여 좌절감을 경험하고 있다. 성적을 올리기 위해 무엇을 할지를 질문하면 학생들은 '열심히 한다'로 응답한다. 공부를 정말 하지 않았다면 열심히 하는 것이 전략이 될 수 있다. 그러나 이미 열심히 공부했다면, 어떻게 다르게 열심히 할 것인지가 전략이 된다.

## ▎정서적 개입

학업 스트레스는 한국 청소년들이 심리적 어려움으로 가장 많이 언급하며, 불안과 우울로 표현되며, 더 나아가 부모 갈등과 일탈행동으로 나타나기도 한다. 내담자가 호소하고 있는 어려움이 궁극적으로 학업 스트레스가 원인임을 명료화하는 작업이 상담자의 몫이다.

일상에서 우울이나 불안이라는 용어가 많이 사용되는 반면, 시험불안이라는 용어는 상대적으로 많이 사용되지는 않는다. 사회성 불안 집단이 활성화된 것에 비해서 시험불안 집단이 운영되는 경우는 많지 않다. 하지만, 학교라는 맥락에서 1년에 4번 시행되는 시험 그리고 대학입시의 어려움은 시험불안이라는 측면에서 다루어질 필요가 있다.

시험불안은 시험불안 척도(Spielberger et al, 1980)를 통해 이해할 필요가 있다. 첫 번째 소척도인 걱정(Worry)은 성취에 대한 관심, 실패의 결과, 부정적인 자기평가 등으로 인지적인 고민을 뜻한다. 걱정의 문항에는 ① 시험지를 받고 문제를 한번 훑어볼 때 나도 모르게 걱정이 앞선다, ② 시험문제의 답이 알쏭달쏭하고 생각나지 않을 때 시험 준비를 더 열심히 하지 않은 것을 후회한다, ③ 친구들과 답을 맞춰 보면서 시험에 대한 이야기를 나눌 때 나보다 친구들이 더 좋은 점수를 받았다는 생각에 시달린다 등이 있다. 걱정이 지나치고 비현실적인 걱정이라면 적응적이고 현실적인 사고로 교정이 필요하다.

두 번째 소척도인 정서성(Emotionality)은 시험상황과 관련되어 야기되는 자율신경계통의 반응을 뜻한다. 정서성 문항에는 ① 시험 시간 동안 긴장되어 마음을 안정시키기 어렵다, ② 시험 시간에 정신을 집중하려 애를 쓸수록 마음이 자꾸 산만해진다, ③ 시험을 치고 난 후에도 계속 마음이 불편하고 안정이 안 된다 등이 포함된다. 정서성은 내담자가 시험불안이라고 표현하지 않은 우울과 불안을 포함한다. 정서성에 대해서는 이완 작업을 통해 불안이 느껴질 때 정서를 조절하는 역량을 증진할 필요가 있다.

## ▎관계적 개입

학습은 내담자의 관계문제의 원인이 되기도 그리고 결과가 되기도 한다. 학교상담자는 '부모와의 관계가 원만해야 성적이 오른다'고 본다. 하지만 부모들은 '성적이 좋으면 부모-자녀 관계가 좋다'고 본다. 원인과 결과와 다르다고 해도 상관관계가 높다는 점에서는 두 시각이 모두 동의할 것이다.

상담자는 관계의 문제가 성적에 영향을 끼친다고 지각하기 때문에, 사례의 초점을 학습상담에서 대인관계 혹은 가족관계의 주제로 전환하는 경우가 있다. 관계의 문제로 성적이 하락하더라도, 관계의 문제와 더불어 학습에 초점을 맞출 필요가 있다. 학습은 청소년의 발달과제이기 때문이다.

성적이 좋지 않아 부모(교사)-자녀 관계가 악화된 경우에는 부모와 자녀 모두에게 상담자가 개입할 필요가 있다. 우선 내담자가 부모에게 느끼는 부정적 정서를 수용해 주어야 한다. 하지만 동시에 부모에게 느끼는 부정적 정서 때문에, 자신의 발달과제를 소홀히 하는 결과의 정당성에 대해서 논의할 필요가 있다. 그리고 상담자가 부모의 편을 드는 것은 아니지만, 부모가 학습을 강조하는 이유에 대해서 설명을 제공할 필요가 있다. 부모가 자녀에게 공부를 강조하는 이유는 한국에서 그래도 좋은 대학을 졸업해야 취업의 기회가 있으며, 그래야 중산층으로는 살 수 있다고 느끼기 때문일 것이다. 대학 학벌과 소득과의 정적 상관관계는 더 이상 실현되지 않지만, 부모들은 여전히 '좋은 대학=좋은 미래'라는 신화를 가지고 있다(김현주, 2013).

## 📖 참고문헌

김동일, 신을진, 이명경, 김형수(2011). 『학습상담』. 학지사.

김현주(2013). 『입시가족』. 새물결.

박천선(2020). 『경계선 지능과 부모』. 이담북스.

Jones, R. G. (1968). A factored measure of Ellis' irrational belief system, with personality maladjustment correlates. Unpublished doctoral dis-sertation, Texas Technological College.

Spielberger, C. C., Gonzalez, H. P., Taylor, C. J., Anton, B., Algarze, W. D., Ross, G. R., & Westberry, L. G. (1980). Preliminary manual for the test anxiety inventory. Palo Alto, CA: Consulting Psychologist Press.

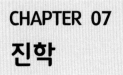

# CHAPTER 07
# 진학

진로상담은 상담자의 영역이지만, 진학은 담임교사의 영역으로 여겨지는 경향이 있다. 하지만 대학진학뿐만 아니라 특정 중학교와 고등학교로의 진학은 학생들에게 큰 스트레스이며, 이로 인한 심리적인 문제의 원인이 된다. 따라서 학교상담자는 진학이라는 주제에 좀 더 초점을 맞추고, 진학이 학생과 그 가족에게 미치는 현실적인 영향력을 고려하여야 한다.

# 진학 사례개념화

## 사례 정보

내담자 기본 정보: 고1(19세), 여

상담의뢰: 담임교사와의 면담에서 자퇴의사를 밝혀, 교사가 상담의뢰(9월)

호소문제: 1학년 때 자퇴하고, 검정고시로 고등학교 졸업 자격증을 획득한 후, 정시로 대학에 지원 예정, 혹시 첫 수능고사에서 점수가 낮아 재수를 해도 친구들과 같은 해에 대학에 입학할 수 있는데, 부모님은 자퇴를 반대함

이전 상담경험: 없음

가족 정보

* 아버지: 50대 초반, 대학교 공과대학 교수
* 어머니: 40대 중반, 고등학교 교사, 어머니는 내담자가 이과를 가야 한다고, 내담 자는 문과를 가겠다고 하여 여름방학에 갈등을 경험(문이과 구분은 없지만, 선택 과목의 특성으로 실제적인 문이과가 존재)

인상 및 행동특성: 성실하고 세련된 이미지, 출결 양호, 1학년 중간고사 성적이 좋음

심리검사: 실시하지 않음

내담자의 강점: 교우관계가 좋고, 기본 학습역량을 가지고 있다.

## 사례개념화

호소문제: 내담자는 고1에 자퇴를 하고, 정시 준비에 집중하는 것이 자신이 더 좋은 대학과 학과에 진학하는 효율적인 방법이라고 생각하고 있다. 하지만 부모는 자퇴는 안 된다는 입장을 취하고 있어, 갈등을 경험하고 있다.

촉발요인: 내담자는 기말고사 성적이 중간고사 성적보다 낮아진데다, 2학년 선택과목으로 과학을 선택해야 한다는 부담감을 가지게 되었다. 과학 선택과목은 과거 이과라고 불리던 과목들이며, 내담자는 문과 성향인데 부모는 이과를 선택하기를 바랐다.

유지요인: 부모 모두 좋은 대학교 출신으로, 내담자는 자신도 부모와 같은 수준의 대학교에 입학하기를 바라고 있다. 그리고 좋은 대학에 진학하지 못하는 것을 두려워하고 있다.

내담자의 강점: 진로포부가 높고 기본적인 학습역량을 갖추고 있으며, 부모는 자원을 가지고 있다.


## 상담목표

상담목표 1: 진학 계획 결정 및 결정된 계획을 실행하기
상담목표 2: 건강한 진로의식 갖기


## 상담목표 1에 대한 전략

상담전략 1: 고등학교를 다니면서 수시지원과 정시지원 전략을 갖는 것과, 자퇴하고 정시지원 준비에 집중하는 것의 장단점을 평가하기, 자퇴 후 혹은 고등학교 잔류 후의 계획 세우기(하루 일상을 중심으로), 1주일 정도 자퇴한 것처럼 살아보기
상담전략 2: 자퇴라는 주제 때문에 탐색하지 못한, 기말고사 성적 하락 경험 수용, 2학년 선택과목에 대한 준비도 확인 및 2학기 및 겨울방학에 학습계획 수립하기 등


## 상담목표 2에 대한 전략

상담전략 1: 대학입시 성공의 중요성을 인생 전체 속에서 조망하기
상담전략 2: 직업의 의미에 대해 학습하기

## 진학과 진로상담에 대한 이해

### 진학과 진학상담의 의미

진학(進學)은 학문의 길에 나아감, 그리고 더 배우기 위하여 상급학교에 감이라는 뜻을 가지고 있다. 따라서 진학은 초등학교에서 중학교, 중학교에서 고등학교로, 그리고 고등학교에서 대학교로 가는 것을 의미한다. 그리고 진학상담은 상급학교에 입학하여 학문적 성취와 직업적 기능을 고양시키기 위한 욕구를 충족시켜줄 수 있는 전 생애적인 관점에서 이루어지는 조력활동이다(정영공, 2007).

따라서 진학상담은 상위학교에 입학하기 전에 예비교육으로도 필요하며, 상위학교에 입학 후 초기 적응을 포함한다. 우리나라에서는 고등학교까지가 의무교육이므로, 초등학교에서 중학교로, 중학교에서 고등학교로 진학하는 과정에서는 출결로 인한 수업 손실만 없다면 행정적인 절차로 이루어진다. 그리고 입학 후 초기 적응은 주로 학교적응, 학습상담, 교우관계 형성 등의 주제로 상담에서 다루어진다.

대학 이전에도 시험을 통해 상급학교로 진학하는 경우는 특수목적 중학교와 고등학교에 입학하는 경우이다. 예술중학교, 체육중학교, 국제중학교 등이 특수목적 중학교이며, 과학고등학교, 외국어고등학교, 예술고등학교, 체육고등학교, 국제고등학교 등의 학교가 특수목적 고등학교에 해당된다.

학교상담에서는 특수목적 중학교와 고등학교 입학을 원하는 학생이 이 포부를 진로계획으로 수립하는 데까지 다루게 되며, 이후 진로 준비활동은 대부분 사교육을 통해 이루어진다. 그리고 중학교 1학년과 고등학교 1학년 중 특목중학교와 고등학교 입학에 성공하지 못한 학생들을 내담자로 만나 그들의 우울 정서, 학교에 대한 낮은 만족도 등을 돕게 된다. 그리고 이 내담자가 진로를 변경하지 않는다면, 다시 특목고등학교와 대학 입학 계획을 수립하는 데 참여하게 된다.

## ▎대학진학과 진학상담의 의미

진학이라는 표현은 고등학교에서 대학교의 진학으로 가장 많이 사용된다. 과거에는 인문계 고등학교에 입학하고 대학에 진학하거나, 특성화 고등학교에 입학하고 취업을 했다. 하지만 현재는 인문계와 특성화 고등학교 졸업생 모두 대학에 진학하는 경우가 많다. 다만 좋은 대학 혹은 명망 있는 대학으로의 진학이 고등학생들의 목표가 되는 경향이 있다. 또한 성적우수자들이 의과대학 진학을 위해 여러 해 대학수학능력시험을 준비하는 경향도 나타나고 있다.

대학의 의미에 대해서 우리 모두 고민해 보아야 한다. 고성장 사회에서는 대학을 졸업하는 것이 취업을 용이하게 했다. 부모 입장에서는 자녀에게 투자했던 교육비가 자녀의 취업 후 환수될 수 있었다. 그러나 지금 우리는 저성장 사회에 살고 있다. 대학을 졸업하더라도 취업이 어려워 졸업과 취업 사이에 취업을 준비하는 기간이 길어졌다(천주희, 2016).

이상적으로는 대학진학이란 진로 결정과 계획 수립의 일부가 되어야 한다. 하지만 현재 한국의 고등학생은 진학에 초점을 맞추고, 진로 결정은 대학진학 이후의 과제로 남겨두는 경향이 있다. 이상적이지는 않지만, 상담자는 현실을 수용하고, 학생들이 느끼는 진학과 관련된 심리적 주제를 다룰 준비를 하여야 한다.

## ▎의사결정 과정으로서의 대학진학

대학진학 결정과 대학선택은 학생들이 자신이 특정한 대학에서 형식적인 교육을 받기 위해서 스스로 결정을 내리는 과정이다. 대학선택 과정은 ① 대학진학 결정, ② 정보추구와 수집, ③ 구체적인 대학 탐구, ④ 지원, ⑤ 입학 허가, ⑥ 대학선택, 그리고 ⑦ 등록으로 이루어진다 (정영공, 2007).

1단계인 대학진학 결정의 동기는 지위와 경제적 이익 추구가 될 수 있다. 일반적으로 대학을 졸업하였다는 것은 사회적 승인과 더불어 더 높은 소득을 보장하는 직업을 가질 가능성을 높인다.

2단계인 정보추구와 수집은 진로상담의 내용으로 자신의 흥미, 적성, 역량에 대한 이해와, 직업세계에 대한 이해, 선호하는 직업을 얻기 위한 적합한 대학 전공 등에 대한 내용을 포함한다.

3단계인 구체적인 대학 탐구는 2단계에서 선택한 전공학과가 있는 대학 정보를 확인하고, 각 대학이 가진 위치, 장학금 제도, 교수들의 연구 분야, 재학생들의 평가 등을 확인하고, 가능하다면 실제로 방문해 보는 단계이다. 또한, 학생 모집요강을 통해 입학을 위해 준비해야 하는 서류와 역량 및 학교의 요구사항들을 확인하여야 한다.

4단계인 지원 단계에서는 수시와 정시로 지원을 한다. 각 대학의 모집요강에 따라 각기 다른 전형들은 스케줄과 면접, 논술 등 요구사항들이 다르다. 정시지원은 수학능력시험의 결과에 근거하여 미리 혹은 결과 발표 후 다시 2단계와 3단계 과정을 빠르게 거친다.

학생이 여러 대학에 합격한다면, 5단계인 입학 허가 후 6단계 대학 선택을 거치지만, 한 대학에만 합격한다면 바로 7단계인 등록으로 진학 과정은 종결된다. 현재는 많은 학생들이 고등학교를 졸업하는 첫해에 원하는 대학에 가지 못하면 다음해에 이 과정을 다시 한번 거친다.

진로상담 혹은 진로교육이 2단계 정보추구와 수집에 초점을 대부분 맞추고 있다면, 진학상담은 3단계인 구체적인 대학 탐구와 4단계인 지원에 더 초점을 맞출 필요가 있다.

## 진학상담의 개입

### ▎진학에 대한 자기 이해

많은 고등학생들이 어떤 진로를 선택해야 하는지, 그리고 어떤 학과를 가야 하는지 막막한 가운데 있다. 물론 자신의 적성과 졸업 후에 취업 등을 고려하여 학과와 학교를 선택하는 경우도 있다. 그러나 여전히 많은 학생들이 막연한 진로 속에 막연하게 진학하기로 결정한다.

고등학생의 대학진학에 대한 태도는 크게 두 종류이다. 첫 번째는 대학을 가지 않겠다고 선택한 것은 아니니 진학을 할 예정이지만, 특정한 선호는 없으며, 편하게 자신의 고등학교 성적으로 합격이 가능한 학교와 학과, 거기에 거주지와 가까운 곳을 선택하는 것이다. 여기에는 대학 졸업이 취업을 보장하지 않기 때문에 대학이나 학과 중요성이 상대적으로 낮거나, 혹은 취업 안정성이 보장되지만 높은 성적을 요구하지 않는 경우이다.

두 번째는 그와 대조적으로 좋은 대학을 가겠다는 목표를 달성해야 한다는 스트레스를 경험하고, 그 목표를 달성하기 위한 전략들을 선택하는 것이다. 이들은 자신이 주관적으로 선호하는 수준의 대학을 가지 못하면 1년을 더 투자하여 다음해에 대학을 진학하는 것을 계획한다. 또한 의대와 약대 등의 특정 전공학과 입학을 위해 교육투자를 하기도 한다.

학생들의 대학진학 혹은 특정 학교나 학과에 입학하려는 개인적인 동기와 자신의 역량에 대한 객관적인 평가가 필요하다. 과거에는 대학의 진학 동기를 지위 획득 동기로 보았지만, 지금은 대학을 졸업하는 것이 보편화되기도 하고, 대학 졸업이 지위를 보장하지는 않는다. 그래서 지금 학생들의 이상적인 높은 목표를 지위 동기로 해석해서는 현실적인 목표를 수용하도록 돕기가 어렵다.

현재는 특정 대학과 학과를 추구하는 동기를 우월 동기로 해석하는 것이 적절해 보인다. 그리고 이 동기를 특별한 내가 되고자 하는 동기와, 특별한 존재 혹은 우월하지 않은 존재가 되지 않았을 때에 대한 두려움 회피 동기로 해석될 수 있다. 그리고 이 두려움이 자신의 생각 속의 두려움이라는 것을 깨닫도록 해 주는 것이 현실적 목표 설정 혹은 이상적인 목표를 준비하는 과정에 불필요한 불안 없이 몰입하도록 도울 수 있다.

우월 동기와 평범한 존재가 되는 것에 대한 두려움은 왜곡된 직업의식 때문이다. 그러나 학생들이 왜곡된 직업의식을 가지고 있다고 해석하기보다는 학생들이 우리 사회가 가지고 있는 왜곡된 직업의식을 반영하고 있다고 생각할 수 있다. 우리 사회는 어떤 직업은 좋은 직업이고, 어떤 직업은 좋지 않은 직업이라는 직업에 대한 귀천 의식이 강하다.

또한, 학생들은 자신의 학습 능력에 대한 객관적인 결과를 수용하지 못한다. 서열문화가 학생의 자존감을 낮추기 때문에, 초등학교와 중학교의 시험결과에서는 등수라는 서열정보가 기입되지 않는다. 상대적으로 우수함이라고 모호하게 표현되는 학업 결과를 받던 학생들은 고등학교에서 그리고 대학수학능력평가에서는 철저하게 상대평가를 받게 된다. 그리고 객관적인 자신의 학습 능력에 대한 결과이지만, 어린 시절의 우수함이라는 기억에 의존하여, 자신의 학업 역량 혹은 대학진학에 필요한 학업 역량의 결과를 수용하지 않는다. 초등학교 때부터 서열화되어 자신의 역량을 상대평가로 수용해 왔던 부모와 교사 세대와는 다른 경험을 하고 있음을 이해할 필요가 있다.

## ┃ 진학 정보 제공, 계획 수립 및 실행

내담자의 진학을 돕기 위해서뿐 아니라, 내담자를 정확하게 공감하기 위해서는 상담자가 진학 관련 정보를 가지고 있어야 한다. 예를 들면, 대학입시전형이 수시와 정시로 나누어지면, 수시와 정시 선택이 학생들이 공교육을 대하는 태도에 영향을 미친다는 것을 이해할 필요가 있다.

그리고 구체적인 정보 및 도움이 부족하여 진학과 관련하여 어려움을 경험하고 있다면 상담자는 구체적인 정보 및 도움을 제공한다. 일반적으로 내담자는 진학과 관련된 결정을 부모와 담임교사와 상의한다.

하지만 모든 부모가 진학에 관심을 가지고 충분한 정보를 가지고 있는 것은 아니다. 따라서 상담자는 내담자의 진학 관련 결정에 상의할 수 있는 사람이 되어줄 필요가 있다.

그리고 진학 목표를 수립했다면, 그 목표를 달성하기 위한 학습전략 혹은 학습계획을 수립하도록 도와야 한다. 계획을 세우는 건 중요한 과정인데, 어린 시절부터 사교육을 받아 스스로 계획을 세우는 역량이 개발되지 않은 학생들도 많다. 계획을 작성한 후에는 그걸 잘 실천하고 있는지에 대한 추수 확인 및 검토 또한 필요하다.

계획은 가능한 한 구체적으로 설정해야 한다. 지금 이 시점에서 해야 할 일, 그리고 3개월 후까지 이루어야 할 일, 그리고 내년까지 이루어야 할 일 등을 구체적으로 설정해 주는 것이 중요하다. 목표 설정에서 계획의 구체성은 목표를 더 잘 성취하게 해준다. 그래서 시간도 반드시 정해야 한다. 그리고 그 목표를 이루기 위해서 지금 이 시점에서 어떤 행동을 해야 할지를 명료화하여야 한다. 성취 가능한 목표를 잡아야 한다. 그리고 그 성취 결과를 평가할 수 있을 만큼 숫자로 구체적으로 목표를 잡아 주는 게 좋다.

내담자의 목표가 이상적으로 높더라도, 그 목표를 달성하기 위해 몰입하고 수행해야 하는 과제(task)들에 대한 정보도 필요하다. 실제 준비활동에 최선을 다하면 오히려 내담자의 이상적 목표는 현실적 목표로 수정될 수 있다.

## ❙ 부모-내담자 갈등 중재

진학이라는 주제로 부모와 내담자 사이에 갈등이 있다면 이를 중재하는 것도 상담자의 몫이다. 앞의 예에서처럼, 자퇴하고 대학입학시험을 준비하여 목표하는 대학을 진학하겠다는 내담자의 계획은 자신의 세대에게는 매력적인 계획이다. 다만 개근상이 존재하던 시절의 그리고 자퇴하고 학교라는 소속감이 없으면 사회적 낙오자라는 개념을 가진 부모 세대는 자녀의 진학 계획을 반길 수는 없다. 상담자는 부모와 내담자 사이의 세대 차라는 문화의 배경이 진학이라는 주제에서도 나타남을 설명해 주어야 한다.

## 📖 참고문헌

오찬호(2015). 『진격의 대학교』. 문학동네.
정영공(2007). 일반계 고등학교 3학년 진학상담 모형 구안. 한국교원대학교 교육대학원 석사학위논문.
천주희(2016). 『왜 우리는 공부할수록 가난해지는가』. 사이행성.

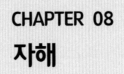

**CHAPTER 08**
# 자해

이제 비자살적 자해는 학교상담에서 쉽게 접하는 주제가 되었다. 자해를 접할 때 보여주는 상담자의 태도는 내담자가 상담을 지속할지를 결정하는 데 결정적인 영향을 미친다. 자해를 단기적인 정서조절 전략으로 수용한 후, 조절했어야 하는 정서와 그 정서를 불러일으키는 발달과제를 발견하려는 태도를 가질 필요가 있다. 그리고 정서조절과 동시에 내담자가 어려움을 느끼는 발달과제를 직접적으로 도울 필요가 있다.

# 자해 사례개념화

## 사례 정보

내담자 기본 정보: 중1(14세), 여

상담의뢰: 내담자가 수업 시간에 자해하여 보건교사가 상담에 의뢰하였다. 내담자는 여름방학 때 잠깐 연애를 했는데, 개학하고 다시 만나자고 했지만 거절당했다. 거절당한 직후 수업 시간에 내담자가 자해를 하였다.

호소문제: 내가 엄마와 싸울 때 아빠가 끼어들지 않았으면 좋겠다. 아빠는 핸드폰 게임을 많이 하면 나에게 말하지 않고 핸드폰을 해지한다. 이런 아빠의 태도가 나를 화나게 한다. 아빠는 내가 자해하는 것을 크게 걱정하고, 자해 사건을 알면 친절해진다.

이전 상담경험: 없음

가족 정보

* 아버지: 50대 후반, 사업체 운영, 정서조절이 잘되지 않아 욱하는 편으로 내담자와 갈등이 잦고, 화가 날 때는 폭언을 하고 행동이 과격해진다.

* 어머니: 50대 중반, 내담자의 부와는 재혼, 이전 결혼에서 자녀는 없었다. 어머니는 자해의 원인이 실연이라고 생각하고, 가족 갈등은 거의 없다고 보고한다. 또한, 내담자는 어린 시절부터 훈육을 하여도 잘 듣지 않고 고집을 피운다고 인식하고 있다.

인상 및 행동특성: 말이 빠르고 어조가 강하며, 어수선하고 부주의한 느낌을 준다.

심리검사: 문장완성검사를 실시하였는데, 귀찮아서 대충하였다고 보고하기도 했고, 반응이 짧으며 숙고하지 않은 답변으로 보인다.

* 엄마와 나는 <u>엄마와 딸</u>
* 우리 엄마는 <u>무서움</u>
* 아빠와 나는 <u>아빠와 딸</u>

\* 우리 아빠는 <u>무섭고 약간 폭력적</u>

내담자의 강점: 자신이 경험한 상황을 인식하고 언어로 표현할 수 있다.


## 사례개념화

호소문제: 내담자는 자신의 욕구가 좌절될 때 자해를 통해 정서적 안정을 찾고 있다.

촉발요인: 헤어진 남자친구에게 다시 만날 것을 요청했지만 거절당하자 그 감정을 통제하지 못하고 자해를 하였는데 정서적으로 안정되는 것을 경험하였다. 그 후 부모의 생활지도(핸드폰 게임 자제, 12시 취침 등)에 대한 분노에도 자해로 정서적 안정을 경험하였고, 아버지가 내담자의 자해 후 보다 친절한 태도 및 생활지도가 줄어들자 부모와의 갈등 후에도 자해를 한다.

유지요인: 부모와 자녀의 나이 차가 40세 정도로 세대 차가 커, 청소년의 태도, 행동, 문화에 대한 기준이 달라 갈등을 경험한다. 그리고 가족들 모두 갈등을 해결하거나 타협하는 기술이 부족하다.

내담자의 강점: 에너지 수준이 높고, 극단적으로 표현하기도 하지만, 자신이 경험한 상황을 인식하고 언어로 표현할 수 있다.


## 상담목표

상담목표 1: 정서조절 역량을 향상한다.

상담목표 2: 대인관계 역량을 향상한다.

## 상담목표 1에 대한 전략

상담전략 1: 스트레스 상황을 인식하고, 그로 인해 경험하는 정서를 자각할 수 있도록
　돕는다. (자해 직전의 상황에 대한 기술, 상황에서의 스트레스 요인 인식, 스트레스
　요인에 대한 자신의 정서 명료화)

상담전략 2: 스트레스에 대처할 수 있는 대안 행동 목록을 작성한다. (자해하고 싶은
　충동이 일어날 때 산책하기, 좋아하는 음악 듣기, 좋아하는 간식 먹기, 친구에게 전
　화하기, 어머니와 이야기를 나누기 등)


## 상담목표 2에 대한 전략

상담전략 1-1: 교우관계의 역동을 이해하도록 돕는다. (대인관계에서 타인이 거절할
　권리가 있음을 수용, 거절이라는 경험을 정상경험으로 수용, 대인관계를 하기 위한
　타인에 대한 관심 확인, 대인관계 기술 학습, 교우관계에서 내가 얻는 것 확인 등)

상담전략 1-2: 가족관계의 역동을 이해하도록 돕는다. (부모와 내담자의 세대 차로 인
　한 생활 태도에 대한 기대가 다름을 수용, 내가 가진 부모에 대한 기대 확인하기 등)

상담전략 2: 새로운 대인 행동을 시도해 본다.

## 자해에 대한 이해

비자살적 자해는 자살 의도 없이 자신의 신체에 의도적으로 직접적인 해를 끼치고 상처를 주는 것이다(Nock, 2009). 자해 의도는 긴장, 분노, 공허함, 무감각과 같은 불쾌한 영향으로부터의 정서 완화이며, 자해는 즉각적인 결과를 가져온다. 자해 행동을 자극하는 심리적 고통 수준은 불편한 정도이며, 간헐적인 경우가 많다. 자해 상처는 치명적이지 않으며, 생명에 위험이 없다. 자해 행동을 하는 내담자는 일시적인 해결책을 추구하고, 문제해결을 시도하지 않으며, 통제력을 갖기를 원하지만 절망감과 무력감을 느낀다.

자해방법으로는 약한 커팅, 피부 스크래치, 때리기, 새기기, 머리 흔들기, 상처 방치, 피부 태우기, 피 뽑기, 고통을 위해 문신하기, 삽입, 찌르기, 부러뜨리기 등이 사용된다. 커팅(cutting)이 빈도가 가장 높으며, 자해 행동으로 나타나는 상처의 심각성보다는 다양한 방법을 사용하는 경우가 자해의 심각성이 더 크다(서미 외, 2020).

2018년 중고생 약 96만 명을 조사한 교육부의 학생정서행동특성 검사 결과에 따르면 약 7만 명의 중고생들이 자해 행동을 경험한 적이 있다고 하였다(이재호, 조윤영, 전정윤, 2018). 중고생들은 SNS나 유튜브를 통해 자해 문화를 형성하고 있는데, 자해, 자해계(자해하는 사람의 계정), 자해러(자해하는 사람), 자해글귀, 자해흉터, 자해하는 사람은 나쁜 사람이 아닙니다 등의 해시태그들을 사용하는 많은 게시물을 찾을 수 있다(신성미, 권경인, 2019).

## ▌자해의 원인

자해의 원인은 외상 경험과 부모와의 양육 경험에서 찾을 수 있다. 주 양육자와의 관계에서 경험한 신체적, 성적, 정서적 학대 및 방임 등의 외상 경험을 한 내담자들은 공병 증상뿐만 아니라 자해 행동을 시도한다. 불안정한 애착은 애착 대상으로부터의 유기나 거부에 대한 두려움을 야기한다. 반대로 부모의 과보호로 인해 충동조절 능력이 발달하지 못했을 때도 자해의 위험성이 증가할 수 있다.

자해의 심리적 원인은 낮은 고통 내성, 정서조절 능력의 결함, 그리고 자기 혐오이다. 자해를 경험한 청소년의 경우, 그렇지 않은 청소년에 비해 분노, 우울과 같은 부정적 정서를 더 많이, 더 심하게 느끼는 경우가 많다. 그리고 이러한 부정적 정서를 자신이 이겨내지 못할 것으로 판단한다.

정서조절은 자신의 정서를 자각하고 인식하며 정서를 긍정적인 상태로 유지하는 것을 의미한다. 정서조절 능력의 결핍이란 자신의 정서를 자각하지 못하는 것, 정서를 언어로 표현하지 못하는 것, 그리고 정서에 대처하기 위한 적절한 전략을 사용하지 못하는 것을 포함한다. 자해는 자신의 감정을 불러일으키는 원인을 제거하는 것보다 이러한 감정으로부터 즉각적으로 벗어나기 위한 전략으로 사용된다.

자해하는 학생들은 부정적 자기 개념, 낮은 자기효능감을 보고하고, 정서적으로는 자기 혐오를 경험한다. 학생들은 스트레스나 갈등의 원인을 자신의 성격이나 자질로 보고, 자기 자신을 혐오한다. 자기 혐오 감정을 해결하기 위해 자해를 하고, 자해한 자기 자신을 다시 혐오

하는 악순환에 빠지게 된다.

자해에 영향을 미치는 생물학적인 요인의 증거는 아직 충분하지 않지만, 엔드로핀(endrophine), 도파민(dopamine), 세로토닌(serotonin)이 자해 행동에 영향을 끼치는 것으로 추정된다. 엔드로핀(endrophine)은 신체적 부상, 손상에 반응하여 방출되며 자연진통제 역할을 하는데, 자해를 하는 동안 자연진통제 역할을 하는 엔드로핀이 증가하며 기분이 좋아지는 것으로 보인다. 또 자해를 하는 청소년에게서 도파민과 세로토닌이 감소된 결과에 근거해 도파민 재흡수 억제제나 세로토닌 재흡수 억제제가 약물치료로 사용되고 있다.

## 자해를 통해 내담자가 얻는 것

내담자는 자해를 통해 얻는 것이 있기 때문에 자해를 지속한다. 첫째는 정서 완화로, 자해 행동의 가장 강력한 동기이다. 부정적인 정서인 불안, 분노, 좌절감을 경험할 때 정서적 압박이나 부정적인 감정을 감소시키고 스트레스를 다룬다.

둘째는 고립감 감소와 사회적 관심이다. 자해 내담자는 대인관계에서 어려움을 겪은 경험이 있거나 현재 대인관계에서 어려움을 겪는 경우가 많다. 가족 또는 또래와 원활한 관계를 맺지 못하고 고립감을 느낄 가능성이 높다. 자해 행동을 하고 난 후 자신의 경험을 타인과 공유하면서 자해 행동을 하는 집단에 소속될 수 있다. 그리고 사회적으로 고립된 자신에 대한 도움 요청, 관심을 받기 위한, 혹은 타인에게 영향을 주고자 하는 의도로 자해 행동을 사용하기도 한다. 더 나아가 고립된 자신을 인식할 때 느끼는 공허감, 무감각함, 비현실감을 해결하기 위해 자해를 사용하기도 한다.

셋째, 자기 처벌의 효과가 있다. 자기 처벌이란 자신에 대해 혐오 또는 분노를 느끼고 스스로를 비난하거나 처벌하는 것이다. 경험하고 있는 스트레스 상황의 원인을 자신에게 돌릴 때 자기 혐오와 분노를 느끼고, 이를 해결하기 위해 자해를 사용한다.

## 자해에 대한 개입

자해에 대한 개입은 자해를 통해 내담자가 얻고 있는 것을 획득할 수 있는 대안 행동을 조형하는 것이다.

### ▌정서 완화: 정서조절력 향상

내담자가 자해를 통해서 정서 완화를 얻고 있다면, 상담목표는 정서조절력 향상이 된다. 정서조절 전략에는 정서 알아차림, 정서 수용, 취할 수 있는 감정 및 인지 반응 선택, 문제해결 기술력 향상이 있다.

정서 알아차림은 내담자 자해 이전에 제거 혹은 감소시키기 원하는 정서를 신체 반응을 통해 혹은 정서 후에 바로 시작되는 정서에 압도되는 느낌을 명료화하는 것이다. 참을 수 없는 정서로 주로 표현되지만, 내담자는 불안을 느낄 수도, 좌절감을 느낄 수도, 무가치감을 느낄 수도 있다. 자해를 통해 강렬한 감정을 감소하는 전략을 사용하였기 때문에, 내담자는 자신이 느끼는 감정을 정확히 알지 못하는 경우가 많다.

정서 수용은 명료해진 정서를 수용하는 것으로, 회피하기보다는 고통을 감내하는 역량을 향상하는 것이다. 인간은 고통을 완전히 피하거나 제거할 수 없다는 현실을 받아들이는 것이다. 고통스러운 감정을 피하려 하면 오히려 고통은 가중된다.

정서를 알아차리고 명료화하는 과정에서 내담자의 정서를 유발하는 상황과 인지가 확인되었다면, 이전과는 다른 취할 수 있는 감정 및 인지 반응 선택을 진행할 수 있다. 내담자는 자신의 경험에 극심한 좌절을 선택할 수도 있지만, 목표한 결과를 얻지 못해 실망한 것으로 자신의 감정을 선택할 수 있다. 교우관계에 소속되지 못하였을 때 친구들이 자신을 거부한다고 느낄 수도 있지만, 내가 생각하는 것만큼 친구들이 자신을 중요하게 여기지 않아 섭섭하다고 느낄 수도 있다. 이런 대안적 정서 선택은 상황에 대한 대안적 해석 혹은 인지 반응을 통해 이루어진다.

대안적 정서 반응 작업 후에는 문제해결 기술을 향상시킬 필요가 있다. 우리가 목표로 하는 혹은 중요하게 여기는 가치가 실현되지 않을 때 부정적 정서를 경험하고, 부정적 정서는 목표 달성을 위해 다른 전략이 필요하거나, 목표 수정을 하도록 우리를 동기화한다. 그런데 자해는 부정적 정서를 회피하기 때문에, 문제해결로부터 멀어지게 한다. 따라서 내담자에게 고통을 가져오는 해결되지 않은 문제에 초점을 다시 맞추고, 문제해결 중심에 기반한 행동을 수행할 수 있는 역량을 향상시킬 필요가 있다. 그중 하나는 대인관계 역량이다.

정서조절력 향상 중에 또한 강조해야 할 부분은 충동성 조절이다. 충동성은 부정 긴급성, 긍정 긴급성, 계획성 부족, 지속력 부족, 감각추구 등의 다차원 개념이다. 자해를 유의하게 예측하는 개념은 계획성 부족이다. 즉 부정적 정서가 올라올 때 대안 행동이 없기 때문에 자해 행동을 한다(김지윤 외, 2022). 따라서 자해 내담자의 충동성 조절을 위해서는 대안 행동 목록을 작성하고, 자해 충동이 일어날 때 목록을 참조하고 대안 행동을 실행하도록 격려하여야 한다.

## ▍ 고립감 감소와 사회적 관심 : 대인관계 역량 향상

내담자는 다양한 원인으로 인해 고립감을 경험할 수 있다. 또래관계가 형성되지 않거나, 소속되어 있던 또래 무리에서 거절당하거나, 부모와 갈등이 있거나, 외동이어서도 고립감 혹은 외로움을 경험할 수 있다. 고통과 마찬가지로 인간은 어느 정도의 외로움은 누구나 경험하며, 그리고 혼자서도 잘 지내는 방법을 배울 필요가 있다.

또래관계의 형성 혹은 관계 유지의 어려움이 있다면, 이것이 외적 상황에 의한 것인지, 관계를 맺고 있는 또래 집단의 특성 때문인지, 그리고 보다 성숙한 대인관계를 위해서 내담자가 변화할 수 있는 부분은 무엇인지를 탐색할 필요가 있다. 특별히 부정적 정서를 수용하지 않는 특성이 대인관계에서의 일어나는 불편한 상황들을 수용하지 않으면서 일어나는 것은 아닌지 살펴볼 필요가 있다.

정서 완화를 위해 자해를 하였는데, 자해 행동을 통해 소속되는 집단이 나타난 경우에도, 내담자의 욕구가 소속감을 느끼는 것이었음을 수용할 필요가 있다. 그리고 자해 행동을 하는 집단이 자기 집단 구성원을 돕기 위한 어떤 개입을 제공하는지를 먼저 확인해볼 필요가 있다. 이들이 서로에게 있는 그대로의 자신을 보여주고, 부정적 정서를 표현할 수 있는 대상이 되어주고, 관계 경험을 제공하고, 공감을 제공하고, 그리고 자해를 중단하는 개입을 서로에게 제공하기도 한다(신성미, 권경인, 2019).

부모와의 갈등을 경험하고, 자해 행동을 통해서 부모에게 영향을 미치려는 경우에는 상담자가 부모와 자녀를 중재할 필요가 있다. 가족 갈등은 가족구성원으로 하여금 처음 갈등을 경험한 문제는 해결하지 않은 채, 갈등으로 인한 부정적 감정 상태에 머무르게 한다. 상담자는 실제 갈등이 있는 혹은 의견 차가 있는 문제에서 새롭고 창의적인 제3의 해결책을 창출하도록 도와야 한다.

## ▌ 자기 처벌 : 대체 활동 찾기

자기를 처벌하기 위한 동기를 가진 내담자에게는 초기에는 자해가 아닌 다른 대안 행동을 찾아주어야 한다. 예를 들면, 자해하고 싶은 충동이 들 때, 얼음을 꽉 쥐고 있는 것은 차가움이라는 강렬한 자극을 신체에 제공한다. 또 다른 방법으로는 손목에 고무줄을 팔찌처럼 하고 다니다가, 자해 충동이 일어나면 고무줄을 튕겨 손목에 고통을 주는 것이다.

다른 방법으로 고통을 제공하는 시기 후에는 자해하고 싶은 부위에 펜으로 표시를 하는 방법이 있다. 예를 들어, 손목을 칼로 베고 싶다면, 빨간 사인펜으로 손목에 줄을 긋는 것이다. 신체 고통은 없지만, 시각적인 자극을 제공하고, 행동을 함으로 긴장을 완화시킬 수 있다.

자기 처벌 동기는 유능하지 않은 자신을 벌하는 행동으로, 자해 행동을 대안 행동으로 대체한 후에는 자기효능감을 높일 수 있는 행동들에 참여하도록 도울 필요가 있다. 자기효능감은 커다란 성공뿐만 아니라, 책상 정리하기, 색칠하기, 산책하기, 요리하기 등의 활동을 완수하는 것을 통해 느낄 수 있고, 그 활동을 완수하는 동안 자해 행동을 하지 않게 된다.

## ▎자해와 관련된 비합리적 신념 교정

자해는 부정적 정서 자극을 회피하기 위해 행동화하는 것을 의미하기 때문에, 자해 내담자들과의 인지적 작업은 가장 마지막에 하기를 추천한다. 자해 행동의 횟수가 줄어들면, 재발 방지를 위해서 자해와 관련된 비합리적 신념을 대안 신념으로 대체하는 작업을 진행할 필요가 있다. 이미 자해 행동을 하지 않아도 파국적인 결과가 일어나지 않는다는 것을 체험하였기 때문에 내담자가 대안 신념에 동의할 수 있다.

정서 완화 동기와 관련된 비합리적 신념은 '만약 자해를 하지 않으면, 나는 정말로 미쳐버릴 것이다' 혹은 '자해행동을 하면 모든 것을 통제할 수 있고 대처할 수 있음을 느낀다'이다. 대안 신념은 '자해를 하지 않아도 나는 미치지 않는다' 혹은 '자해를 하지 않아도 문제를 해결할 수 있다'이다.

정서적 소외 감소 동기와 관련된 비합리적 신념은 '내가 자해 행동을 할 때 어느 누구도 얼마나 최악의 상황인지 알지 못한다' 혹은 '나는 일반적으로 공허하고 속이 비어 있지만 자해 행동은 내가 실재하고 어떤 것을 느낄 수 있음을 알게 해 준다'이다. 대안 신념은 '자해 행동이 아닌 언어 표현으로도 내가 힘들다는 것을 타인에게 전달할 수 있다' 혹은 '나는 자해 행동이 아니어도 대안 행동을 하면서 내가 실재하고 있다는 것을 느낄 수 있다'이다.

자기 처벌 동기와 관련된 비합리적 신념은 '나는 나의 몸이 싫고 나의 적은 나 자신이다'이다. 대안적 신념은 '나는 부족한 면도 있지만, 개성도 있고 역량도 있는 사람이다'이다.

이러한 인지적 교정 속에서 학업에 대한 계획과 직업적 목표가 생기면서, 자해 내담자는 현재 자신의 행동이 미래에 미칠 영향을 고려하게 되고, 이러한 미래지향적인 관점에서 자해를 중단한다(신수정, 한재희, 2021).

## 📖 참고문헌

김지윤, 구민정, 황희훈, 이동훈(2022). 비자살적 자해의 특성에 따라 분류된 각 집단에 영향을 미치는 위험 및 보호요인. ≪상담학연구≫, 23권, 2호, 69~98.

서미, 김지혜, 소수연, 이자영, 이태영(2020). 『청소년 자해상담』. 학지사.

신성미, 권경인(2019). 자해관련 인스타그램 게시물에 대한 텍스트 네트워크 분석. ≪상담학연구≫, 20권, 6호, 273~295.

신수정, 한재희(2021). 비자살적 자해청소년의 자해중단 경험연구. ≪상담학연구≫, 22권, 5호, 185~221.

이재호, 조윤영, 전정윤. (2018.11.10.). 중고생 7만여명 자해 경험 — 우리 아이는 상관없나요? ≪한겨레21≫, https://www.hani.co.kr/arti/society/society_general/869668.html에서 2023년 10월 30일 자료 얻음.

American Psychiatric Association. (2022). Diagnostic and Statistical Manual of Mental Disorders — Treatment (DSM — 5 — TR). Washington, D.C.: American Psychiatric Association Publication.

Klonsky, E. D. (2007). The functions of deliberate self — injury: A review of the evidence. Clinical Psychological Review, 27(2), 226~239.

Nock, M. K. (2009). Understanding non — suicidal self — injury. Washington DC: American Psychological Association.

# CHAPTER 09
## 비행

상담명령을 받은 비행 내담자들은 비자발적으로 상담에 참여하기 때문에 변화가 어렵다. 그리고 자발적으로 상담에 오고 인상 관리를 잘하는 비행 내담자들을 만나면서 상담자는 이들의 문제가 비행이라는 것을 간과하여 비행이라는 주제를 다루지 않는 경향이 있다. 두 경우 모두 비행이 재현되지 않도록 하는 것이 상담목표가 되어야 한다.

# 비행 사례개념화

## 사례 정보

내담자 기본 정보: 중3(15세), 남

상담의뢰: 담임교사는 내담자가 오토바이 절도로 보호관찰 중인데 지각, 흡연 등으로 교칙도 위반하고 있어 상담을 의뢰하였다.

호소문제: 얼마 전 여자친구가 바람이 나서 헤어지게 되었고, 그래서 사람에 대한 신뢰를 잃었어요.

이전 상담경험: 이전에도 청소년상담복지센터에서 20회기 이상 상담을 경험하였다.

가족 정보

  * 아버지: 50대 중반, 건축 관련 사업을 하고 있으며 정확히는 모른다.
  * 어머니: 50대 초반, 회사원, 퇴근이 늦고, 내담자에게 공감을 하지 않는다.

인상 및 행동특성: 큰 키와 눈, 귀에 피어싱, 세련된 복장, 이야기할 때 머리를 자주 만진다.

심리검사: 문장완성검사를 실시하였지만, 성실히 답변하지 않았다.

내담자의 강점: 좋은 인상을 주며, 상담에 와서 자신의 이야기를 잘한다.


## 사례개념화

호소문제: 내담자는 사귀던 여자친구가 다른 사람과 연애를 시작하여 마음의 상처를 받았다고 호소문제를 진술하고 있다. 이와 더불어 내담자는 오토바이 절도, 지각, 흡연 등 여러 가지 비행으로 인해 보호관찰 및 학교에서의 학교부적응 학생으로 인식되고 있다.

촉발요인 1: 내담자는 여자친구에게 성관계 맺기를 재촉하였는데, 여자친구는 아직 성관계는 하고 싶지 않다고 거절하였고, 이로 인해 헤어지게 되었다.

촉발요인 2: 내담자는 그동안 교내 흡연, PC방에서 금품 갈취 등으로 교내에서의 학생징계위원회에 회부되었으며, 최근에도 오토바이 절도로 보호관찰 중에 있다.

유지요인: 내담자는 부모의 무관심 속에서 방임되었으며, 중학교에서 입학한 이후에는 학업을 따라가기 어려우며, 교내에서는 교우관계 형성에 어려움을 경험하였다. 이후 타 학교의 친구들과 몰려다니면서 다양한 비행 행동에 참여함으로 소속감과 모험의 자극을 얻고 있다.

내담자의 강점: 타인에게 호감을 주며, 언변이 좋다.


## 상담목표

상담목표 1: 비행을 하지 않고, 사회적 규범을 준수한다.

상담목표 2: 자신의 발달과제를 수행한다. (학교적응, 학업, 진로 준비, 대인관계 역량 향상 등)


## 상담목표 1에 대한 전략

상담전략 1: 비행에 대한 종합적인 평가를 실시한다. (비행을 통해 충족되기를 원했던 욕구와 욕구 충족 정도를 평가한다. 비행으로 인해 당면한 현실의 어려움을 확인한다. 욕구 충족 정도와 현실의 어려움 정도를 비교한다.)

상담전략 2: 욕구를 충족할 수 있는 대안 행동 목록을 작성하고 시행한다. (오토바이 절도 대신에, 오토바이 구매 비용 마련을 위한 아르바이트, 16세에 오토바이 면허증 취득 후 운전, 성경험을 지연하고 연애하기 등)

## 상담목표 2에 대한 전략

상담전략 1: 현재 중3으로, 진학할 고등학교를 선택하기 위한 진로계획 수립하기(일반
　　고등학교, 특성화고등학교 등의 선택, 특성화고 입학 시 전공 탐색 등)
상담전략 2: 소속감을 느낄 수 있도록 새로운 교우관계를 형성하기

# 비행에 대한 이해

## | 품행장애 진단

흔히 비행이라는 불리는 행동은 거짓말, 무단결석, 가출, 절도, 폭력, 공공시설 파괴, 방화와 같은 행위를 통해 타인의 기본권리를 침해하고, 연령에 적합한 사회적 규범을 위반하는 반사회적 행동을 지속적이며 반복적으로 보이는 경우이다. 이 행동들은 파괴적, 충동통제 및 품행장애군(Disruptive, Impulse and Conduct Disorders)이라 명명된다(APA, 2022).

품행장애로 진단되기 위해서는, 사람과 동물에 대한 공격성, 재산의 파괴, 사기 또는 절도, 심각한 규칙위반 등의 15개 행동 중 지난 1년간 3개 이상의 행동을 하고, 과거 6개월 동안 최소 1개 이상의 행동을 해야 한다. 그리고 행동의 장해가 사회적, 학업적, 또는 직업적 기능에 임상적으로 심각한 장해를 일으켜야 한다. 또한, 만 18세 이상일 경우, 반사회적 성격장애의 진단 기준에 맞지 않아야 한다.

사람과 동물에 대한 공격성은 ① 흔히 다른 사람을 괴롭히거나 위협하거나 협박한다, ② 흔히 육체적인 싸움을 건다, ③ 다른 사람에게 심각한 신체적 손상을 일으킬 수 있는 무기를 사용한다, ④ 사람에게 신체적으로 잔혹하게 대한다, ⑤ 동물에게 신체적으로 잔혹하게 대한다, ⑥ 피해자와 대면한 상태에서 도둑질을 한다, ⑦ 다른 사람에게 성적 행위를 강요한다를 포함한다.

재산의 파괴는 ① 심각한 손상을 입히려는 목적으로 고의적으로 불을 지른다, ② 다른 사람의 재산을 일부러 파괴한다를 포함한다.

사기 또는 절도는 ① 다른 사람들의 집, 건물, 차에 침입한 적이 있다, ② 물건이나 호감을 얻기 위해, 또는 의무를 회피하기 위해 거짓말을 흔히 한다, ③ 피해자와 대변하지 않은 상황에서 귀중품을 훔친다를 포함한다.

심각한 규칙위반은 ① 만 13세 이전에 부모의 금지에도 불구하고 밤늦게까지 집에 들어오지 않는 일이 자주 있다, ② 친부모 또는 양부모와 같이 사는 동안 적어도 2번 가출하곤 했다, ③ 만 13세 이전부터 자주 무단으로 결석한다를 포함한다.

## ▌비행의 원인

비행은 여러 가지 요인들이 서로 복합적으로 상호작용하여 발생한다. 비행의 개인 요인으로는 뇌신경특징이 있다. 품행장애 내담자가 보이는 폭력성과 공격성은 낮은 자율신경계 활성수준과 낮은 시상하부－뇌하수체－부신피질 축(HPA－axis) 반응이 원인이 된다. 더불어 적대적 자극에 대해 과민성과 과반응성을 유발하는 세로토닌의 낮은 활성화, 좌절상황에서의 지배성과 공격성을 특징짓는 세로토닌의 높은 활성화, 스트레스에 대한 유기체의 효율적인 조절 능력을 방해하는 코티졸의 낮은 활성화 등이 보고되고 있다(임영식 외, 2007).

품행장애 내담자는 타고난 높은 수준의 운동성과 조바심, 좌절에 대한 인내 부족, 정서 순환의 어려움 등을 가지고 있다. 개인이 자신의 행동을 통해 상황을 조정할 때 행동활성체계, 행동억제체계, 일반각성체계의 세 기제가 쓰인다. 비행 내담자는 행동활성체계를 사용하여 끊임없이 즉각적이고 긍정적인 보상을 추구하는 반면, 이러한 행동에 따라 부정적 결과는 축소하거나 무시하고 행동억제체계는 거의 사용하지 않는다.

가족요인으로는 부모의 잦은 다툼이나 불화 등으로 인한 가족 내부 갈등, 부모의 이혼, 재결합 가정, 조손 가정, 부모의 일관성 없는 양육태도, 무관심, 권위적이고 일방적인 대화방식, 가족 간의 대화 단절, 자녀의 행동을 무조건 비난하는 말투 등이 있다.

또한, 학교부적응과 노는 친구들과 어울림이 비행의 원인이 되기도 한다. 내담자들은 학업에 대한 흥미가 없고, 교사와 사이가 좋지 않아 지적을 당하는 경우가 많으며, 소위 노는 친구들과 친하게 지내는 경우가 많다.

아노미이론에서는 경제적으로는 빈곤계층에 속한 아동들은 사회적·경제적 욕구를 정당한 방법으로 성취할 수 없기 때문에 비행 행동을 사용하게 되며 이러한 행동은 빈곤계층에서는 쉽게 용납되기 때문이라고 해석한다(김준호, 이성식, 2011).

## ▌비행의 발전과정

일반적으로 품행장애는 다음과 같은 과정으로 발전한다. 초기 아동기에 내담자는 투정이 많고 다루기 힘든 아동으로 간주된다. 이와 같은 아동은 내적으로 무력감, 빈곤감, 좌절감을 경험할 가능성이 있다. 부모자녀 관계에서 부모는 자녀에게 대화, 식사, 수면, 배변 등 전반적 생활에 걸쳐 복종을 요구하는 행동양식 패턴을 나타내고 이로 인하여 자녀는 반항적 행동을 나타낼 수도 있다.

학령기에 내담자가 말을 듣지 않을 때 부모들이 자제력을 잃고 폭력을 쓰게 되며, 이후 부모들은 언어적이나 신체적으로 폭력적이었던 것을 보상하려고 지나치게 허용적으로 대하기도 한다. 한편 교사를 화나게 만들어 꾸중이나 벌을 받을 때 말대꾸를 하거나 잘못을 남의 탓으로 돌리기도 하고, 화를 잘 내서 학교에서 잘 적응하지 못하고 만성적인 비난을 받아 내담자는 자긍심이 낮아지고 불공정하게 비난을 받는다고 느끼기도 한다. 또한, 교실을 무단이탈하거나 다른 학생을 협박하고 무단결석 및 가출과 같은 문제를 보일 수 있으며 공격성, 도둑질, 거짓말 등의 문제행동을 나타내기도 한다.

사춘기 이후에 내담자는 신체적, 성적 성숙에 따라 과거에 비해 문제행위가 더해지고 파괴적이고 반사회적 행동이 증가된다. 집이나 학교나 지역사회에서의 싸움, 위협, 협박, 사람과 동물에 대한 무정함과 잔인함 등이 자주 나타난다. 또한, 이들은 절도, 사기, 파괴행위나 의도적인 기물파괴 등을 자주 한다. 더 나아가 이들은 알코올, 약물 남용 등의 문제를 보이기도 하며, 후기 청소년기에는 범죄와 연루되어 형사 처벌을 받게 되는 경우가 생긴다.

## 비행에 대한 개입

비행에 대해 상담자가 가져야 하는 태도는 판단을 유보하는 것이다. 현재 부정적 결과를 초래한 행동이지만, 내담자 자신의 욕구를 충족시키려는 최선의 선택이 비행일 수 있음을 수용해 주어야 한다.

## ▌상담에 참여하는 동기 확인하기

비행을 한 내담자는 상담에 비자발적으로 참여하였을 수 있다. 또한, 상담에는 자발적으로 참여하여도 상담자와 내담자가 지향하는 상담 목표는 상이할 수 있다. 따라서 상담자가 내담자를 만나 가장 먼저 해야 할 것은 상담에 참여하는 동기에 대한 평가이다(김인자, 2008). 그리고 상담자의 개입은 내담자가 상위 단계로 이동할 수 있도록 격려하는 것이다.

저항 단계에 있는 내담자는 '상담에 있고 싶지 않다'와 '상담자는 나를 도울 수 없다'라는 마음을 가지고 있다. 흔히 범법행위로 인해 상담명령을 받아 의무적으로 상담실을 방문하는 경우이다.

지향 단계는 '변화를 하고 싶지만, 어떻게 해야 하는지 모르겠다', '내가 변화하기는 어려울 것이다'라는 생각을 하며, 변화를 원하는 마음을 갖게 된 상태이다. 다만 변화를 하려면 자신도 전념하여 새로운 시도를 해야 하지만, 아직은 어떤 노력도 시도하지 않고 있는 경우이다.

노력 단계는 '한번 시도해 보겠다', '나도 할 수 있지 않을까?'라는 마음을 가진 상태로, 변화를 위한 확신은 아직 없지만, 노력을 시도해 보는 경우이다.

실행 단계는 '최선을 다해 보고 싶다', '그런데 내가 이 노력을 지속할 수 있을까?'라는 마음을 가진 상태로, 적극적으로 변화를 시작하였지만, 자신이 이 노력을 지속할 수 있는지 확신이 없다. 이전에도 변화를 시도했지만 지속하지 못했던 경험이 있다면 내담자를 적극적으로 격려할 필요가 있다.

전념 단계는 '나는 이 노력을 계속하겠다', '무엇이든 시도할 수 있다'라는 적극적인 헌신이 이루어지는 단계이다.

## ▌욕구를 명료화하고, 욕구 충족 행동을 지혜롭게 선택하기

상담자는 비행이 내담자의 욕구를 충족시키려는 시도였다는 것을 알아줄 필요가 있다. 비행을 멈추기 위해서는 내담자가 자신이 충족시키려 했던 욕구를 먼저 이해할 필요가 있다. 내담자의 욕구는 겉표면으로 보기에는 자유와 재미처럼 보인다. 하지만 실제 내담자의 욕구를 조금 더 들여다보면, 사랑(소속감)과 권력(성취)일 수 있다.

사랑의 욕구는 다른 사람과 연결감을 느끼며 애정을 주고받고 집단에 소속되고자 하는 욕구를 뜻한다. 이러한 욕구는 가족, 친구, 연인, 애완동물 등을 통해서 충족될 수 있다. 내담자가 가족 안에서도, 학교 안에서도 연대감을 느낄 수 없는데 비행을 하는 집단에서 소속감을 느끼기 때문에 비행에 참여할 수 있다. 이 욕구가 명료화되면, 내담자가 비행을 하지 않는 교우와 관계를 맺고 가족 갈등을 줄일 수 있도록 도울 필요가 있다.

권력(유능감) 욕구는 성취를 통해서 자신에 대한 유능감과 가치감을 느끼고 힘과 권력을 추구하는 욕구를 의미한다. 내담자가 학교 장면에서 유능감을 느끼려면 그리고 리더가 되려면, 학업에서도 어느 정도는 좋은 수행을 해야 하며, 학급에서도 리더의 역할을 담당해보는 경험이 필요하다. 학교에서 유능감을 느끼지 못한 내담자는 흡연, 음주, 교사에게 반항적 태도 등을 통해서, 그리고 학교 밖에서 폭행, 절도 등을 통해서도 유능감을 확인하고 있을 수 있다. 상담자는 내담자가 새로운 행동을 시도하는 것부터 성공 경험으로 인정해 줌으로써 유능감을 새롭게 쌓아갈 수 있도록 도울 필요가 있다.

## ▌미래에 대한 책임감 수용

내담자는 현재 비행으로 인해 여러 가지 부정적인 결과를 경험하고 있지만 그럼에도 자신의 미래는 밝을 것으로 생각한다. 현실 부정일 수도 있지만, 아직 인지발달 중에 있으므로 행동의 필연적 결과를 정확히 이해하지 못할 수 있다. 또한, 도덕성 역시 인지발달의 산물로, 자신이 비행으로 인해 피해를 입힌 사람의 마음을 아직 공감하지도 못하고, 사회적 규범을 어긴다는 것의 의미를 이해하지 못할 수도 있다.

내담자는 자신의 머릿속에 자신이 원하는 삶, 함께 있고 싶은 사람들, 갖고 싶은 물건이나 경험들, 가치 있게 여기는 생각과 신념들을 가지고 있을 수 있다. 이런 경우에는 내담자가 그러한 미래를 실현하기 위해 지금 해야 하는 행동의 목록을 작성하고 전념할 수 있도록 도울 필요가 있다.

그런데 어떤 경우에는, 내담자는 실현하고 싶은 미래의 그림은 없지만, 되고 싶지 않은 미래를 가지고 있을 수 있다. 부모와 같은 삶을 살고 싶지 않다는 내담자를 만난다면, 부모를 닮고 싶지 않은 특성을 명료화하고, 그 특성과 다른 특성을 가질 수 있도록 도울 필요가 있다. 경제적으로 무능력한 아버지를 본받고 싶지 않다면, 경제적 안정성을 추구할 수 있도록 진로 준비를 시작할 필요가 있다.

## 📖 참고문헌

김인자(2008). 『현실요법의 적용』. 서울: 한국심리상담연구소.

김준호, 이성식(2011). 사회학에서의 범죄와 비행연구 회고와 전망. ≪범죄와 비행≫, 1권, 5~22.

류창현, 이수정(2010). 비행청소년의 재범억제와 재범예방을 위한 인지행동치료와 웃음치료의 효과 연구. ≪한국심리학회지: 법≫, 1권, 1호, 77~108.

신현균, 김정호, 최영미 역(2015). 『아동청소년 심리치료 − 인지행동적 접근』. 서울: 학지사.

American Psychiatric Association. (2022). Diagnostic and Statistical Manual of Mental Disorders − Treatment (DSM − 5 − TR). Washington, D.C.: American Psychiatric Association Publication.

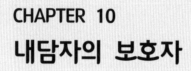

CHAPTER 10
# 내담자의 보호자

학교상담에서는 내담자의 보호자 상담을 함께 진행하게 되는 경우가 많다. 보호자 상담은 내담자를 조력하기 위한 수단으로 진행되며, 이 역시 사례개념화를 필요로 한다. 보호자 상담의 목표는 보호자가 내담자의 조력자로 역할을 수행하도록 하는 것이다.

# 보호자 상담 사례개념화

## 사례 정보

내담자 기본 정보: 초4(11세), 여

상담의뢰: 어머니(보호자)가 내담자의 스마트폰 게임 중독 주제로 딸의 상담을 신청하였다.

이전 상담경험: 없음

가족 정보

* 아버지: 일용직, 새벽에 출근하고 일찍 퇴근하며, 매일 술을 마신다.

* 어머니(보호자): 마트에서 일하며, 짜증이 많다.

* 동생: 초1, 여, 스마트폰에 관심을 많이 보인다.

보호자 인상 및 행동특성: 말이 빠르고, 말투가 화난 사람처럼 들리고, 보통 키에 비만 체형이다.

심리검사: 보호자는 부모 양육태도 검사(Schaefer, 1959)에서 거부적(vs. 애정적)-통제적(vs. 자율적) 태도를 보고하였다. 이 태도는 자녀에게 관대하지 않고 자녀의 행동을 처벌 또는 심리적 통제로써 규제하는 태도이며, 자녀로 하여금 자유로운 감정표현 등을 허용하지 않기 때문에 자녀가 부모에 대한 적대감을 유발시키는 경향이 있다고 해석되었다.

보호자의 강점: 상담을 통해 딸을 돕고자 하고, 좋은 부모가 되기 위해 배우려 한다.

## 사례개념화

호소문제: 딸이 스마트폰을 많이 하고 있는 것을 알고 있었지만, 담임교사가 딸이 스마트폰 중독이라고 연락을 주어 보호자는 당혹스럽고 창피하였다. 그리고 자신이 무엇

을 어떻게 해야 하는지 몰라 상담을 신청하였다.

촉발요인: 보호자는 스마트폰 중독에 대한 지식이 부족하고, 방과 후 자녀의 시간 관리가 필요함을 이해하지 못하고 있다. 또한, 딸이 11살로 사춘기가 시작되어, 아동기 때와는 다른 양육태도를 취할 필요가 있음도 인식하지 못하고 있다.

유지요인: 보호자는 원가족에서 적절하게 양육 받은 경험의 부족으로 적절한 양육태도를 모델링할 기회를 갖지 못하였다.

보호자의 강점: 보호 상담을 통해 딸을 돕기를 원하고 있어 상담에 대한 동기가 높다.


## 상담목표

상담목표 1: 자녀의 스마트폰 과의존에서 벗어날 수 있도록 도울 수 있다.

상담목표 2: 보다 적절한 양육태도 형성으로, 자녀와 친밀한 관계를 형성하고 유지할 수 있다.


## 상담목표 1에 대한 전략

상담전략 1: 스마트폰 과의존을 자녀가 스트레스 관리 및 즐거움 추구 전략으로 사용하고 있음을 수용

상담전략 2: 스마트폰 대신에 사용할 수 있는 스트레스 관리 및 즐거움 추구 대안 활동 제공하기(방과 후 프로그램 참여 및 바우처 활동 참여 신청하기, 가능하다면 근무시간을 변경하여 방과 후 자녀와 시간 함께 보내기)

상담전략 3: 자녀가 학교에 보다 잘 적응하도록 학업과 교우관계 형성에 도움 제공하기(학업 역량 확인 및 도움 제공, 교우관계 형성에 도움이 되도록 동료 학부모들과 교류하기)

## 상담목표 2에 대한 전략

상담전략 1: 자녀의 발달 단계에 적절한 부모 역할 배우고 연습하기

상담전략 2: 효과적인 의사소통 기술 학습하고 연습하기

## 보호자 상담에 대한 이해

학교상담에서 보호자 상담은 상담자가 내담자를 상담할 때 내담자가 당면하고 있는 어려움을 해결할 수 있도록 돕기 위해 보호자가 보호요인 및 변화 촉진요인이 되도록 돕는 과정이다. 학교상담의 내담자는 연령이 어려 보호자가 내담자의 삶에 가장 많은 영향을 주기 때문에 보호자 상담과 병행했을 때 상담 효과가 더 잘 나타나고 변화가 잘 유지된다. 보통은 부모상담이라는 표현을 사용하지만, 아동보호기관에 거주하거나, 조부모 및 친척이 내담자의 양육을 담당하는 경우를 포함하여 여기서는 보호자 상담이라는 표현을 사용한다.

상담자는 보호자와의 상담도 일반적인 상담과정과 같이 동맹관계를 형성하고, 보호자 상담의 목표를 정하고, 보호자가 내담자 문제해결에 참여하여 긍정적인 변화를 이끌어내면 종결한다. 보호자 상담의 목표는 내담자의 문제해결이므로 내담자가 경험하는 어려움에 따라 달라질 수 있지만, 보호자 상담의 일반적인 목표는 내담자 문제와 발생 요인에 대한 이해, 문제해결과 내담자의 성장 촉진, 바람직한 보호자−내담자 관계 정립이다.

### 보호자와 동맹 형성하기

상담자는 보호자와 동맹을 형성하기 위해 먼저 내담자가 상담을 받게 된 상황에 대한 보호자의 감정을 공감해줄 필요가 있다. 보호자마다 그리고 내담자의 호소문제에 따라 보호자는 다양한 감정을 경험할 수 있다. 일반적으로 한국에서는 어머니가 주 양육자로서 인성지도의 책임을 사회가 부여하기도 하고, 어머니 스스로 부여하기도 한다. 이런 경우 자녀가 심리적 어려움을 경험하면, 어머니는 자기 탓이라고 타인이 평가할 것이라고 염려하거나 스스로 인식하기 때문에 수치심을 느낄 수 있다. 혹은 어머니 스스로는 최선을 다했다고 여기는 경우 심리적 어려움을 경험하는 자녀에게 분노를 느낄 수 있다.

상담자는 보호자의 정서가 다양한 행동 반응으로 나타날 수 있음을 인식하고, 행동 반응 이면의 감정을 알아차릴 필요가 있다. 예를 들어, 내담자의 심리적 어려움에 대한 수치심을 느끼는 보호자는, 상담자에게 도움을 요청하는 태도를 나타낼 수도 있지만, 그 수치심으로 우울한 정서를 나타낼 수도 있다. 더 나아가, 자신이 느끼는 수치심을 자신이 감당하지 않고 상담자의 전문성이나, 결혼 여부, 나이, 혹은 상담 효과성에 대한 비판과 공격을 통해 상담자가 수치심을 느끼게 할 수도 있다.

상담자가 보호자를 무비판적으로 수용하려는 태도를 취할 필요가 있다. 그러기 위해서는 상담자가 생각하는 충분히 좋은 보호자에 대한 기준을 검토할 필요가 있다. 상담자가 생각하는 보호자로서의 기본적 태도는 상담전공자라면 그래도 기본적인 소양을 갖추기 수월할 수 있다. 또한, 보호자가 충분히 좋은 부모로부터 양육 받았다면 기본적 소양으로 갖추고 있을 수 있다. 그러나 보호자가 어린 시절 부모부터 적절한 양육을 제공받지 못하고, 심리적인 주제나 의사소통 방법에 관심을 가진 적이 없다면, 상담자가 보기에는 보호자로서 부족해 보일 수 있다.

## ▎보호자의 문화적 배경에 대한 이해

상담자는 보호자의 문화적 배경을 이해해야 한다. 먼저 보호자의 세대를 고려할 필요가 있다. 가족 정보는 보호자의 성, 나이, 직업을 기록하고 있는데, 보호자의 나이 정보는 보호자의 세대 문화를 보여준다. 학교상담 내담자의 부모는 내담자보다 25~35살 많은 세대이며, 조부모는 내담자보다 50~70살 많은 세대이다. 상담자의 나이는 내담자와 조부모 나이 사이에 존재한다.

각 세대는 주요한 역사적 사건을 공통으로 경험하고 그 경험은 각 세대의 인지, 정서, 행동에 영향을 미친다. 스마트폰 중독을 이해하지 못하는 조부모는 알코올 중독은 이해하기 쉬울 수 있다. 사교육 금지 시절에 고등학교를 다녔던 부모 세대는 사교육을 받았는데도 성적이 오르지 않는 자녀의 좌절감을 이해하기 어려울 수 있다. 상담자의 '내담자에게 조금 더 공감해 주세요'라는 요청은 전쟁을 경험해 생존이 가장 중요한 가치관이었던 조부모 세대와 경제 발전을 위해 경쟁적으로 생활했던 부모 세대에게는 무엇을 어떻게 하라는 것인지가 명료하지 않을 수 있다.

보호자의 교육 수준과 경제적 상황을 이해할 필요가 있다. 상담자가 관찰할 때는 부모가 고등학생인 내담자의 진로에 관심이 없는 것처럼 보일 수 있는데, 대학을 진학하지 않았던 부모는 어떤 대학의 어떤 과를 진학할 수 있는지, 그리고 대학 졸업 후에는 어떤 기회가 있는지 구체적으로 내담자나 담임교사와 이야기하기 어려울 수 있다. 성인이 되어 부모와 같은 일을 하고 싶지는 않지만, 내담자는 어떤 직업을 선택할 것인지 묻는 교사의 질문이 버거울 수 있다. 상담자는 다양한 교육적·경제적 배경을 가진 보호자들의 스펙트럼 어딘가에 자신이 위치하고 있으며, 자신의 배경이 보호자를 이해하는 데 도움이 되기도 하고 장애가 되기도 함을 인식할 필요가 있다.

## 보호자 상담의 개입

### ▌부모로서의 자긍심 갖도록 돕기

상담을 받으러 오는 시점은 보호자가 양육자로서 가장 효능감을 잃은 시점이다. 자녀가 심리적·행동적 어려움을 경험하고 있는데, 부모의 훈육 및 양육만으로는 그 문제를 해결할 수 없기 때문이다. 혹은 부모의 잘못된 양육이 지금 자녀의 어려움에 영향을 미쳤을 수 있기 때문이다.

그러나 보호자가 내담자를 양육하면서 긍정적인 경험을 제공하고, 내담자에게 도움이 되어주었던 부분이 분명히 있다. 지금 내담자가 보여주는 어려움과 보호자와의 갈등이 지금까지 보호자가 내담자의 성장에 기여한 부분을 가리고 있을 뿐이다. 상담자는 보호자가 기여한 부분을 재인식하도록 돕는 작업을 진행할 필요가 있다.

## 보호자에게 상담 설명하기

보호자는 내담자가 경험하는 상담에 대해 이해해야 한다. 상담이라는 단어는 보호자의 마음에 다양한 이미지로 나타난다. 보호자는 내담자가 학교상담사와 대화를 나누는 것은 알지만, 이 대화가 내담자의 문제해결에 어떻게 도움이 되는지를 알기 원한다(김광웅 외, 2008).

상담자는 보호자에게 내담자가 받을 수 있는 상담의 기간과 회기, 상담의 초기, 중기, 종결기라는 과정, 내담자와 함께 정한 상담목표와 이 목표를 달성하기 위해 상담자가 계획하고 있는 전략을 설명하여야 한다.

그리고 상담자는 보호자에게 내담자와의 상담 동안 보호자와 어떻게 협력할 것인지를 결정하여야 한다. 내담자와의 상담 후 매 회기 짧은 보호자 상담 회기를 가질 수도, 내담자와의 2~3회기 후 보호자 상담 회기를 가질 수도 있고, 보호자가 면대면으로 상담이 어려운 경우 전화통화를 통해 보호자 상담을 진행할지를 함께 결정하여야 한다. 그리고 상담자가 필요한 경우 보호자에게 특별한 행동을 하도록 혹은 하지 않도록 자문을 제공할 것임을 안내할 필요가 있다.

## 내담자의 상담주제에 대해 설명하기

학교상담자는 보호자가 내담자가 경험하는 심리적 어려움을 잘 이해할 수 있도록 상담주제에 대해 설명해야 한다. 이 책은 매 장에서 다양한 내담자의 심리적 어려움을 소재로 사례개념화를 제공하였다. 내담자의 심리적 어려움에 대한 이해 부분은 상담자에게는 사례개념화와 실제 전략을 위해 필요하다. 그리고 상담자는 이 부분을 보호자에게도 설명하여야 한다.

보호자가 내담자의 심리적 어려움을 이해하는 것은 우선 보호자의 부정적 정서를 완화하는 데 도움을 준다. 예를 들면, 틱이 자신의 잘못된 양육으로 발생하였을까 걱정하는 보호자는 틱이 내담자의 신경생물학적 특질에 의한 것일 가능성이 높다는 것을 그리고 틱의 발생보다는 이후에 악화, 완화, 지속 등에 양육태도가 더 영향을 끼침을 알고 안도하고, 자신의 양육태도 변화를 고려해 볼 수 있다.

보호자가 내담자의 심리적 어려움을 이해하면 내담자의 변화를 촉진하는 요인으로 역할을 수행하기가 수월하다. 예를 들면, 내담자의 스마트폰 과의존이 방과 후 몰입할 수 있는 활동이 부족하기 때문임을 이해한 보호자는 방과 후 활동을 제공할 수 있다.

## ▌보호자와 내담자의 관계 회복

보호자와 내담자의 부정적 관계는 내담자 심리적 어려움의 원인이 되기도 하고 결과가 되기도 한다. 어떤 경우이든 보호자 상담의 목표는 관계 회복이다.

보호자와 내담자의 관계를 회복하기 위해서는 내담자의 발달 단계에 적절한 부모 역할을 보호자가 제공하여야 한다. 학교상담에서 내담자는 크게 아동기인 초등학교 시기와 청소년기에 해당되는 중·고등학교 시기를 보내며, 각 시기에 적절한 보호자의 역할이 있다.

초등학교 시절의 보호자는 내담자가 긍정적 자아개념, 근면성을 형성하도록 돕는 역할을 해야 한다. 내담자가 긍정적인 자아개념을 형성하기 위해서 보호자는 내담자를 존중하고, 수용하고, 공감해 주어야 한다. 그리고 보호자는 내담자의 성장을 위해서 다른 학생과 비교하는 것이 아니라, 내담자가 과거의 모습보다 나아지도록 돕고, 이 성장에 대한 피드백을 제공하여야 한다. 근면성은 내담자에게 주어진 학교생활, 교우관계 형성이라는 과업을 수행하면서 개발된다. 근면성은 지속적인 발달과제 수행을 통해 발달하기 때문에, 보호자가 내담자의 발달과제에 지속적인 관심을 가져야 한다. 발달과제를 잘 수행하는 경우에 긍정적인 피드백을 제공해 주어야 하고, 실패 혹은 실수에 대해서는 정서적 지지를 제공하여야 한다. 또한, 격려뿐만 아니라, 잘못된 행동을 교정해 주는 작업을 동시에 해주어야 한다(신용주, 김혜수, 2017).

중·고등학교 시절의 보호자는 내담자가 정서조절 역량, 의사소통 기술, 정체감 발달을 획득할 수 있도록 돕는 역할을 해야 한다. 사춘기는 급격한 신체 변화와 더불어 심리적 불안정감이 높은 시기이다. 이때 자신의 정서를 인식하고, 수용하고, 표현하며, 안정감을 유지할 수 있는 역량이 정서조절 역량이다. 내담자가 정서조절 역량을 갖추려면, 보호자가 정서조절의 전략을 모델링할 수 있도록 도울 필요가 있다. 이는 의사소통 기술에서도 마찬가지이다. 보호자가 정서조절 역량과 의사소통 기술이 부족한 경우에는 보호자 상담에서 두 영역에 있어서 함께 심리사회교육을 받는 것이 바람직하다.

자아정체감 형성은 청소년기의 가장 중요한 발달과제이다. 추상적으로는 '부모로부터 독립하고 자율적으로 행동하고 싶다'로 표현되지만, 현실에서는 보호자의 훈육과 지도에 반론을 제기하고, 부모의 의견이 옳아도 옳지 않다고 주장하는 행동으로 표현된다. 따라서 보호자와 상담자는 내담자의 이런 행동을 자아정체감 형성의 시도로 수용해 주어야 한다. 그리고 무엇보다 자아정체감은 역할 수행을 통해 형성되므로, 내담자가 가족, 교우관계, 그리고 학교에서의 역할을 잘 수행할 수 있도록 조력하여야 한다(방기연, 2021).

## 📖 참고문헌

김광웅, 강은주, 진화숙(2008). 『놀이치료에서의 부모상담』. 시그마프레스.

방기연(2021). 『청소년 심리와 상담』. 공동체.

신용주, 김혜수(2017). 『다음 세대를 위한 부모 교육』. 학지사.

Schaefer, E. S. (1959). A circumplex model for maternal behavior. Journal of Abnormal and Social Psychology, 59, 226~235.

## 방기연

- 고려사이버대 상담심리학과 교수.
- 연세대학교 교육학과에서 학부, 석사과정을 마치고, University of Iowa에서 상담자교육 및 수퍼비전으로 박사학위를 받았다.
- 전국대학상담학과협의회 회장(2021－2022)과 (사)한국상담학회 학교상담학회 회장(2023－2024)을 역임하였고, 미국심리학회 29분과 Psychotherapy의 국제교류위원회 위원으로 활동하고 있다.
- 주요논문으로는 한국 상담자와 수퍼바이저의 경험에 대한 질적 연구가 ≪The Counseling Psychologist≫ ≪The Counseling Quarterly≫ ≪Journal of Contemporary Psychotherapy≫에 실렸다.
- 주요 저서로는 『상담심리학』(2020), 『상담수퍼비전의 이론과 실제』(2021), 『청소년 심리와 상담』(2021), 『다문화상담』(2022) 등이 있다.

# 학교상담사례개념화

| | |
|---|---|
| 초판발행 | 2024년 3월 25일 |
| 지은이 | 방기연 |
| 펴낸이 | 노 현 |
| 편 집 | 김다혜 |
| 기획/마케팅 | 조정빈 |
| 표지디자인 | Ben Story |
| 제 작 | 고철민·조영환 |
| 펴낸곳 | ㈜ 피와이메이트<br>서울특별시 금천구 가산디지털2로 53, 한라시그마밸리 210호(가산동)<br>등록 2014. 2. 12. 제2018-000080호 |
| 전 화 | 02)733-6771 |
| f a x | 02)736-4818 |
| e-mail | pys@pybook.co.kr |
| homepage | www.pybook.co.kr |
| I S B N | 979-11-6519-990-6  93180 |

정 가    12,000원

박영스토리는 박영사와 함께하는 브랜드입니다.